LES PROBLEMES DE DATATION DANS LA GROTTE CHAUVET ET QUELQUES GROTTES DU JURA SOUABE

LES PROBLEMES DE DATATION DANS LA GROTTE CHAUVET ET QUELQUES GROTTES DU JURA SOUABE

Guy Jouve

BOD

ISBN 9782322132850

Éditeur : Books On Demand, 12/14 rond-point des Champs Elysées Paris.

Impression BOD Norderstedt, Allemagne.

Dépôt légal janvier 2017

SOMMAIRE

AVANT-PROPOS

Cet ouvrage rapporte l'essentiel de faits archéologiques souvent oubliés, quelquefois cachés, selon l'ordre chronologique de leur obtention. Nous voulons approcher au mieux la réalité de l'art préhistorique et de son âge en nous laissant guider uniquement par la rigueur scientifique.

Les développements abstraits ou techniques ont été le plus possible évités, afin que tout soit compréhensible par ceux qui, ayant le souci du rationnel, ne sont pas nécessairement des spécialistes du domaine de la datation préhistorique. Comme il est important de justifier tout ce que l'on écrit, nous avons dû développer quelques points scientifiques, mais seulement en fin d'ouvrage pour en alourdir le moins possible la lecture.

Il apparait impossible de justifier que les peintures de la grotte Chauvet seraient les plus anciennes œuvres d'art pariétal connues à ce jour, fruits de la culture aurignacienne. Les statuettes découvertes dans les grottes du Jura souabe en Allemagne ne sont pas datées de l'Aurignacien. Nous sommes obligés de montrer l'utilisation souvent inconsidérée des puissants moyens de la recherche d'état. Il faut cependant être conscient que les techniques scientifiques sont fiables si elles sont utilisées avec la rigueur nécessaire, ce que font beaucoup d'archéologues scrupuleux, nous en donnerons quelques exemples.

Tous les travaux de datation sont financés par l'argent public, il est normal que les citoyens soient mis au courant de l'usage qui en est fait. C'est aussi une motivation qui nous a poussé à écrire cet ouvrage.

Nous remercions tous les préhistoriens qui par leur travaux ont permis la réalisation de cet ouvrage ainsi que ceux qui nous ont prodigué leurs conseils éclairés, on reconnaitra leurs nom au long de cet ouvrage. Il ne faudrait pas oublier les artistes anonymes qui ont créé ces œuvres qui suscitent tant d'intérêt. Ce sont eux, les grands personnages qui méritent notre respect et notre admiration.

Précisions : Lorsque nous écrivons une « date radiocarbone » suivie de « BP » *(Before Present)* pour une substance organique, elle se rapporte à la durée qui nous sépare de sa formation, selon une loi de décroissance radioactive telle qu'on l'utilisait aux débuts de la datation par le carbone 14. Comme son usage s'est maintenu chez les préhistoriens et pour des commodités de comparaison, nous l'utilisons. Des corrections permettent d'évaluer cette durée en années du calendrier, on obtient alors des dates un peu plus anciennes et plus proches de la réalité, ce sont des dates *calibrées*.

En même temps que leurs dates, nous serons amenés à citer les noms des grandes cultures du Paléolithique supérieur qui se sont succédé en Europe. Ils sont formés d'après la localisation des premiers sites où ces cultures furent identifiées : l'Aurignacien (Aurignac) avant 30 000 BP (c'est-à-dire il y a plus de 33 000 années du calendrier), ensuite est apparu le Gravettien (La Gravette) jusqu'à 23 000 BP, puis le Solutréen (Solutré), enfin le Magdalénien (La Madeleine) après 17 000 BP. Ces limites sont approximatives, elles peuvent varier un peu suivant les régions.

Pour des raisons économiques, nous avons illustré cet ouvrage avec des images de faible résolution. On pourra télécharger des photographies de bonne résolution sur guy.jouve.free.fr

Du sud de l'Allemagne au sud de la France…

On peut s'étonner que l'on réunisse dans le même ouvrage les peintures de la grotte Chauvet située dans le sud de la France et les statuettes découvertes dans des grottes du Jura souabe en Allemagne. Quel est le lien ? Ce lien qui n'est pas du tout évident apparait formellement lors des premières publications sur la grotte Chauvet en 1995 dans des publications universitaires ou des revues destinées au grand public, ainsi que dans le site Web du Ministère de la Culture consacré à la grotte Chauvet dont voici un extrait[1] (auteurs : J. Clottes et V. Féruglio. Ministère de la culture et de la communication). Photographies : Ulmer Museum, Ulm, T. Stephan, Univ. Tübingen) :

« L'ESPACE ET LE TEMPS
LES DATATIONS

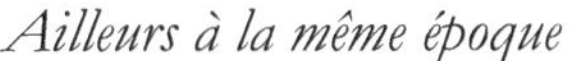

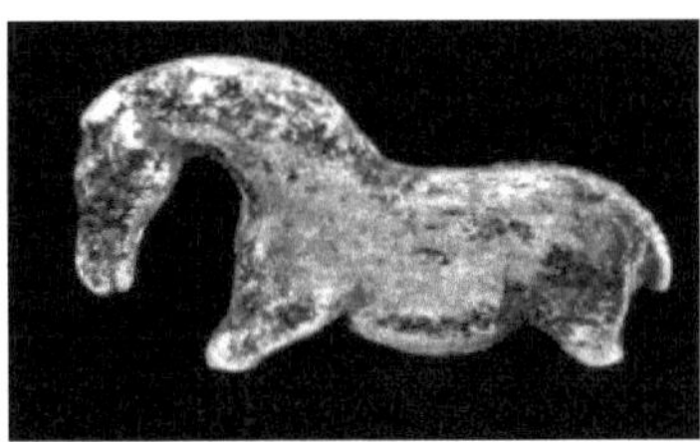

« ...Ces dates, les plus anciennes au monde pour des peintures, bouleversent nos conceptions de l'art pariétal. L'on savait que les aurignaciens de l'Allemagne méridionale, entre 35 et 30000 ans, avaient créé un art mobilier sophistiqué avec des statuettes en ivoire à la fois naturalistes et stylisées. Cela montrait que les théories sur le développement linéaire de

---

1 http://www.culture.gouv.fr/fr/arcnat/chauvet/fr/ - 2010. Cette page a disparu de l'Internet.

l'art, avec ses débuts frustes et maladroits à l'Aurignacien, suivis de progrès au fil des millénaires, n'étaient pas fondées. (Photographie du cheval de Vogelherd).

L'art étonnamment original et "évolué" de la grotte Chauvet-Pont-d'Arc, contemporain de ces statuettes, prouve que l'invention artistique des Aurignaciens pouvait s'appliquer avec autant de bonheur aux parois des grottes, à la peinture et à la gravure, qu'à l'art mobilier et aux petites statuettes en ronde-bosse.

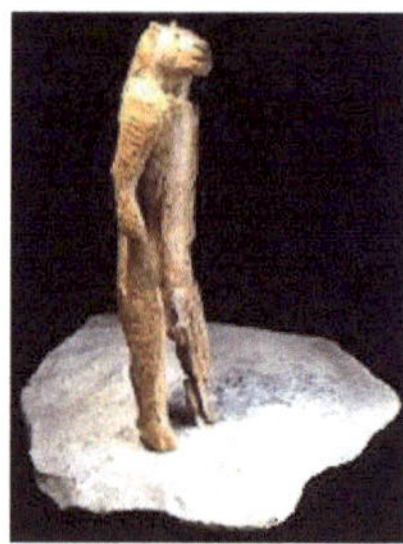

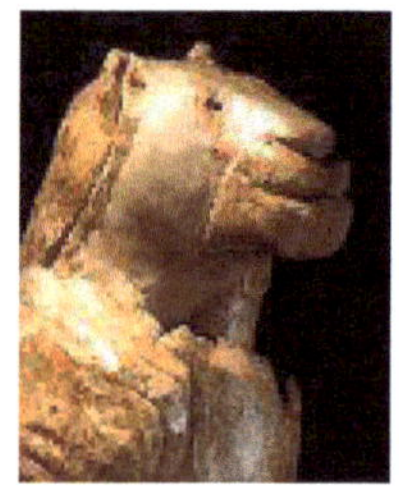

» Fin de citation

L'art a évolué

Jean Clottes, professeur d'anglais devenu Directeur des Antiquités Préhistoriques de Midi-Pyrénées annonçait[1] que l'art préhistorique n'avait pas évolué lentement dans le temps pour aller du plus sommaire au plus perfectionné, contrairement à ce qui est admis par la plupart des préhistoriens et tous les grands noms de la Préhistoire comme l'abbé H. Breuil, A. Leroi Gourhan. Il prenait comme exemple les statuettes du Vogelherd et d'Hohlenstein Stadel attribuées à l'Aurignacien par de nombreux archéologues, qui sont d'un art aussi évolué que de plus récentes œuvres. J. Clottes y voyait la création quasi spontanée d'un art sophistiqué. Dans un article publié en 1993, peu avant la découverte de la grotte Chauvet, il avait écrit[2] :

« Toute une série de statuettes en ivoire de mammouth, représentant des humains et souvent des animaux (cheval, mammouth, félin, bison, ours, rhinocéros) ont été trouvées dans le Jura souabe. Malgré leur date reculée (35 000 à 30 000 ans) certaines comme le cheval de Vogelherd sont des chef-d' œuvres où naturalisme et stylisation se conjuguent subtilement. D'emblée ces premiers Aurignaciens ont créé l'art sophistiqué. Leurs statuettes, réalisées à partir d'un matériau difficile à travailler sont étonnantes de vérité. Des gravures les complètent et elles sont parfois colorées de rouge. Les trois techniques principales, gravure, sculpture, peinture, sont donc utilisées dès ce début. Certains sujets révèlent une pensée complexe (statuette en ivoire d'un homme à tête de lion de la grotte d'Hohlenstein Stadel) en Allemagne […] L'idée qu'il aurait fallu un apprentissage de plusieurs millénaires pour passer d'ébauches frustes aux représentations les plus achevées est battue en brèche par ces découvertes, les plus anciennes mais aussi les plus réussies de l'art paléolithique. La notion de longs siècles de gestation est purement théorique. Les Aurignaciens étaient des *Sapiens* comme nous, avec les mêmes potentialités. A partir du moment où le concept existait, il suffisait de quelques individus doués pour arriver très vite à l'excellence dans la reproduction des formes. »

---

[2] Clotttes 1993.

1995 premières publications sur la grotte Chauvet

Deux années plus tard, la grotte Chauvet fut découverte. Dans la conclusion d'un article sur les peintures de cette grotte qu'il datait de plus de 30 000 ans, il écrivit[3] : « Des techniques sophistiquées (effets de perspective, estompe, détourage pour accentuer le relief) ont été inventées au début du Paléolithique supérieur par les Aurignaciens. Ce fait, inédit pour l'art pariétal, doit être mis en rapport avec la découverte de statuettes élaborées, découvertes dans le Jura souabe à des époques comparables. Ces statuettes en ivoire, malgré leur petit nombre, représentent d'ailleurs des sujets identiques à ceux de la grotte Chauvet-Pont-d'Arc : mammouths, félins, bisons, ours, cheval, rhinocéros, être composite… Les notions sur l'apparition et sur le développement de l'art sont bouleversées ».

Cette grotte ardéchoise paraissait en effet vérifier cette théorie en même temps que les statuettes du Jura souabe, mais il y a tout de même une condition : que les datations sur lesquelles elle se fonde soient vérifiées. Nous allons examiner comment elles ont été réalisées en commençant par les statuettes allemandes.

---

[3] Clottes *et alii* 1995.

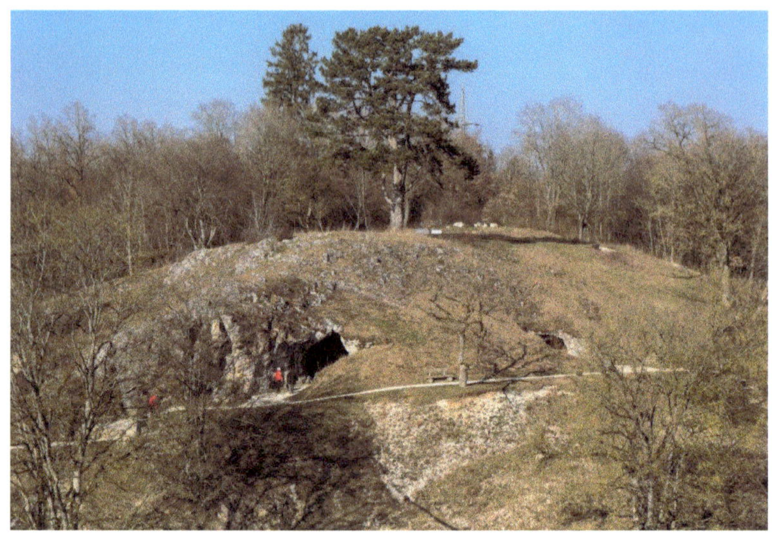

Grotte du Vogelherd, à gauche la salle dans laquelle s'ouvre l'entrée sud-ouest, à droite, l'entrée sud (photo Thilo Parg)

PREMIERE PARTIE

Les statuettes du Jura souabe

CHAPITRE 1

Dans la grotte du Vogelherd (Allemagne)

Les statuettes du Vogelherd sont-elles aurignaciennes, c'est-à-dire d'une culture datant de plus de 30 000 ans BP ? Ces petites figurines de quelques centimètres de dimensions, sculptées dans l'ivoire de mammouth, ont été découvertes dans des couches de sédiments où se mêlaient à la fois certains vestiges provenant de l'Aurignacien et d'autres de la période suivante qui est appelée le Gravettien. Pendant la trentaine d'années qui ont suivi les fouilles qui ont permis de les découvrir en 1931, on n'a pas vraiment cherché à les attribuer à l'Aurignacien tel qu'on définit ce terme aujourd'hui[4]. La mode ne vint que par la suite d'en faire les plus anciennes pièces d'art du monde, c'est-à-dire de l'Aurignacien puisqu'on n'a jamais

---

[4] La nomenclature a évolué, voir page 20.

découvert de traces d'art provenant des cultures plus anciennes, mais selon quelles justifications ? C'est une histoire qui mérite d'être racontée.

Gustav Riek

L'année 1900 a vu la naissance à plusieurs personnages importants pour l'archéologie allemande, parmi lesquels on compte Heinrich Himmler qui devint le chef de l'archéologie du troisième Reich et Gustav Riek (1900-1976). Ce dernier est célèbre grâce aux fouilles qu'il dirigea en 1931 dans le site du Vogelherd dominant la vallée de la Lone, dans le massif du Jura souabe au sud de l'Allemagne. Fils d'un géomètre arpenteur, il avait rejoint comme volontaire peu avant ses 18 ans, à la fin de la première guerre mondiale, un régiment de grenadiers. La paix revenue, il termina ses études secondaires, puis il suivit à partir de 1924 les cours de géologie et préhistoire de R. Schmidt géologue et archéologue, un scientifique très important, à l'université technique de Stuttgart.

Riek adhéra au NSDAP[5] le 1er Août 1929. Son adhésion au système nazi a été sans faille, selon un rapport du service de renseignements nazi SD[6] de 1938 qui le classe comme nazi de longue date, politiquement et idéologiquement absolument fiable.

---

[5] National Sozialistische Deutsche Arbeiter Partei (parti national socialiste des travailleurs allemands) appelé aussi parti nazi.
[6] Sicherheitsdiens (service de sécurité).

Fouilles de 1931

Après avoir participé aux fouilles de Riedschachen et Aichbühl de 1928 à 1930 sous la direction de Schmidt et Reinerth, c'est en 1931que Riek dirige son premier chantier au Vogelherd. En un temps record de 10 semaines[7], il fit complètement vider la grotte qui était une sorte de tunnel de 40 mètres de longueur, complètement rempli de sédiments et débouchant sur l'extérieur aux deux extrémités. Son existence avait été soupçonnée par l'historien régional Hermann Mohn. Celui-ci avait remarqué, près de la paroi d'une petite grotte contenant des tombes néolithiques, plusieurs pierres éclatées par le feu qui avaient été rejetées lors du creusement de son terrier par un blaireau. Il contacta Riek qui fut chargé des fouilles de ce secteur. Il découvrit le début d'une galerie et après avoir identifié des couches géologiques, il fit extraire et évacuer 900 tonnes de sédiments dans 31 800 sacs, ce qui faisait plus d'une tonne par heure de travail pour deux ouvriers, utilisant des outils de maçon, pelle, pioche, wagonnet. C'était pendant la grande dépression économique qui aboutira à l'arrivée d'Hitler au pouvoir. Riek n'avait pu obtenir le financement par son université et avait eu recours aux crédits d'un musée.

---

[7] Conard et *alii* 2003.

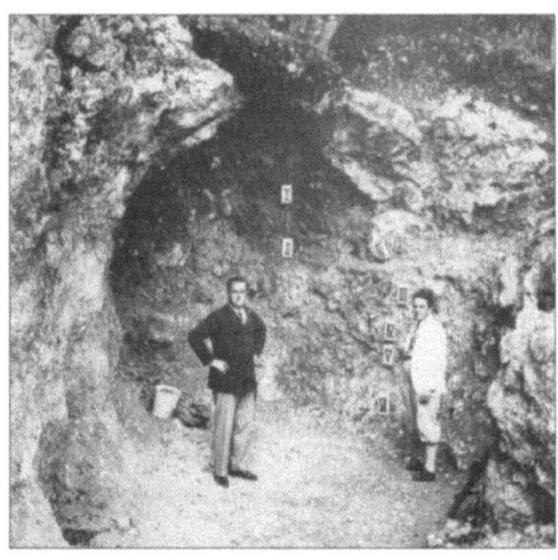

Les couches numérotées à l'entrée, avant les travaux de fouille.

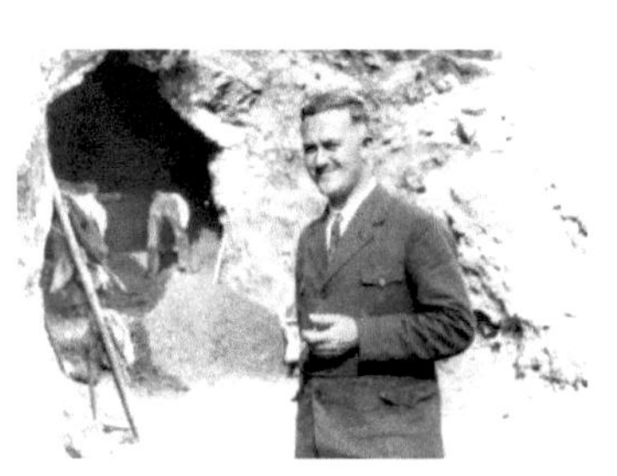

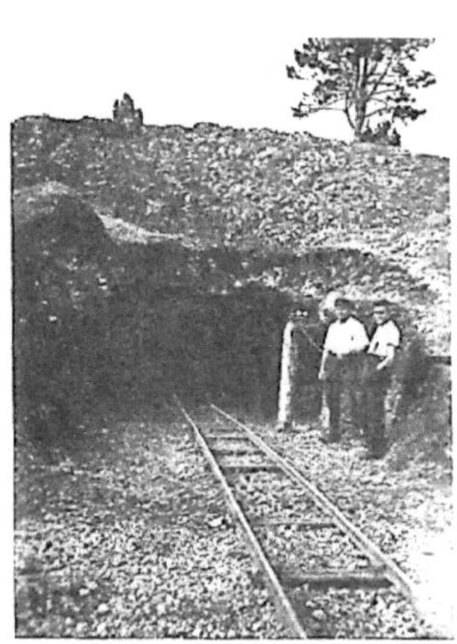

FIG. 2. Entrée méridionale de la caverne.

G.Riek devant l'entrée Sud-ouest. Entrée sud et voie de déblaiement.

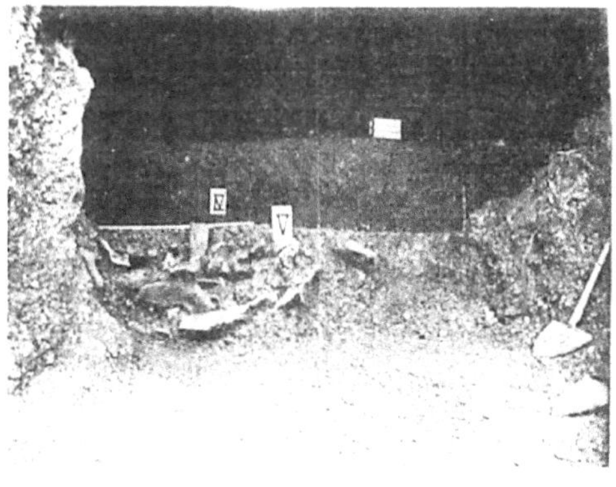

Près de l'entrée Sud-Ouest, les os de mammouths dans la couche V attribuée à l'Aurignacien. Ce sont les seuls os dont l'emplacement est connu. Ils seront datés au carbone 14 du Gravettien (photos Riek 1933, 1934).

On comprend que des travaux aussi rapidement menés n'aient pu permettre de reconnaitre et d'isoler toutes les pièces archéologiques présentes dans les sédiments, et que 70 ans plus tard les archéologues découvrirent dans les déblais rejetés à l'extérieur 297 kg d'os, 128 kg d'ivoire de mammouth, 44 000 objets en pierre et 68 000 éclats, mais surtout d'autres statuettes et fragments[8] qui n'avaient pu être recueillis au cours de ce travail précipité. L'étiquetage des pièces extraites par l'équipe de Riek n'indiquait que le numéro de la couche, mais pas leur position dans la couche. Il est peu probable que Riek fut continuellement présent durant les fouilles : il a publié une douzaine de coupes stratigraphiques transversales, mais aucune n'indique la position

[8] Allenhöffer 2015.

des objets majeurs comme les statuettes (seule la position d'un crâne humain est représentée sur une coupe). .

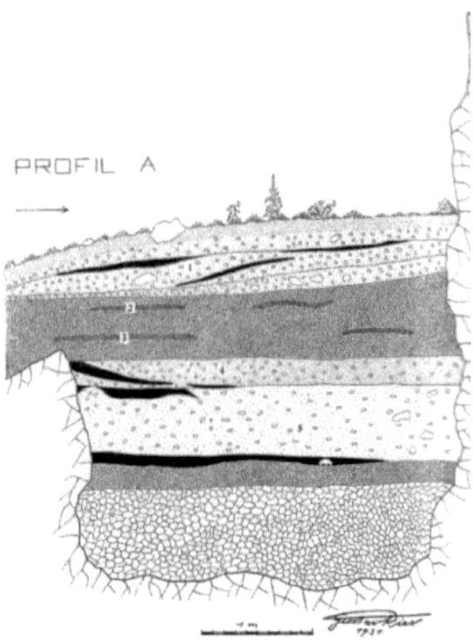

Coupe verticale, entrée Sud-Ouest selon Riek (1933-1934). L'emplacement d'un crâne humain est noté dans le niveau noir du bas.

Riek identifia les cultures correspondant aux pièces d'outillage qu'il avait découvertes, il en déduisit une culture pour chaque couche géologique. Les niveaux furent ainsi nommés de haut en bas : *Néolithique (I), Magdalénien (II et III), Aurignacien supérieur (IV), Aurignacien moyen (V), puis Moustérien, Acheuléen supérieur, Interglaciaire.* Cela correspondait à la nomenclature en vigueur à son l'époque, qui a été modifiée par la suite. En particulier et c'est capital, *Aurignacien supérieur* est appelé *Gravettien* depuis plusieurs décennies (en 1933 Peyrony[9] écrivait que la

[9] Bulletin de la Société préhistorique de France. 1933, tome 30, N. 10. pp. 543-559.

culture de la Gravette était *l'Aurignacien supérieur*)[10]. On peut retenir que cinq statuettes ont été découvertes dans la couche IV que Riek qualifiait d'*Aurignacien supérieur*, c'est-à-dire Gravettien selon les normes actuelles (de 29 000 à 23 000 BP), et six dans la couche *Aurignacien moyen*, c'est-à-dire Aurignacien (35 000 à 30 000 BP). Tout le monde admet d'après l'observation des statuettes qu'elles proviennent de la même culture. Laquelle ? Riek avait souligné les analogies avec des statuettes de Pollau et de Predmosti qui appartiennent à l'époque du Gravettien, c'est-à-dire *Aurignacien supérieur* selon le vocabulaire de l'époque.

Après son décès, des os découverts par Riek ont été datés au radiocarbone : les dates obtenues montrent la présence dans toutes les couches à la fois du Gravettien et de l'Aurignacien, quelquefois du Magdalénien (tableau page 27), ce qui prouve qu'il y eut d'importantes perturbations dans les sédiments et que la composition chronologique dans les couches n'est pas aussi simple que ce que Riek le pensait.

Riek avait également extrait des ossements humains, près des extrémités de la grotte où se trouvaient les vestiges de sépultures beaucoup plus récentes. Datés récemment au carbone 14 d'une manière incontestée à 5 000 ans environ les ossements humains, qui avaient été découverts dans des niveaux *aurignaciens* selon Riek, jettent un énorme doute sur toutes les affectations culturelles des niveaux et donc des statuettes. Pourquoi n'a-t-on jamais daté au radiocarbone un fragment de l'ivoire des

---

[10] Nous réservons les caractères en italique aux affectations données par Riek à son époque.

statuettes ? Voilà où en sont les faits connus. Restent les interprétations.

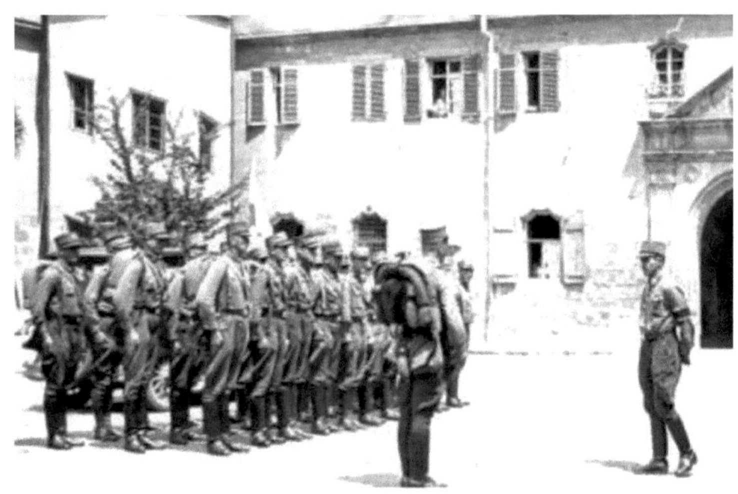

Entraînement des SA au château de Tübingen qui abritait l'institut de recherche préhistoriques. Riek adhéra aux SA[11] en 1933 avant de passer aux SS[12]. (Photo Heinz Dürr[13], APM)

[11] Sturm Abteilung ou Section d'Assaut.

[12] Waffen- SS, (Schutz Staffel), escadron de protection en arme.

[13] Schöbel 2011.

La guerre

Les hostilités de la seconde guerre mondiale ont débuté le premier septembre 1939, Riek demanda à être enrôlé malgré son âge limite dans le service actif des Waffen-SS. Il fut affecté en tant qu'officier SS, troisième dans la hiérarchie, au camp spécial d'Hinzert proche de la frontière luxembourgeoise, un très dur camp de concentration pour des prisonniers politiques. On lui confia la rééducation idéologique. Il ne cachait pas que son action était un échec dans une lettre du 7 janvier 1949 : « La formation n'a pas beaucoup de succès, car de nombreux élèves sont asociaux à cause de défectuosités mentales, provenant pour la plupart d'une infériorité congénitale[14] ». Il employait aussi des prisonniers à des fouilles archéologiques, mais il y eut surtout l'assassinat de 70 prisonniers soviétiques par injection de cyanure. Son rôle dans la logistique de ce crime de guerre à la tête de sa compagnie était le transport des corps en camion jusqu'à une fosse dans la forêt et la fermeture de toutes les voies d'accès au camp pour cacher ces crimes[15]. Fin Décembre 1941, il reçut l'Anneau SS à tête de mort, puis en mars 1942 il fut muté en Karélie comme géologue de guerre.

Défaite et nouveau régime

Après avoir été fait prisonnier de guerre, Riek fut interné en 1948 comme nazi notoire dans le dispositif de dénazification. Sa destitution des cadres de l'enseignement a été prononcée en

---

[14] Strobel 2010.
[15] Gatzen 2007.

1949. Son attitude contre ses anciens supérieurs Reinerth[16] et Rosenberg (il avait beaucoup de difficultés à s'entendre avec ses supérieurs immédiats) ayant été comptée en sa faveur, il fut réintégré progressivement : il dirigea à nouveau des fouilles de 1955 à 1964, retrouva l'autorisation d'enseigner d'abord en 1953 par délégation, puis en 1956 comme professeur auxiliaire, enfin titulaire en 1966. Cet ancien officier SS[17], probablement le seul archéologue à avoir participé à un crime de guerre, retrouva la notoriété après la disparition du régime nazi. Il enseigna, publia des articles. Son livre qui avait beaucoup plu à Himmler *Les chasseurs de mammouth de la vallée de la Lone* fut réédité en 1951, 2000 et 2010.

Riek publia en 1935 un livre écrit, dit-on, pendant son voyage de noces, *Die Mammutjäger vom Lonetal*[18]. Cet ouvrage raconte la lutte entre les chasseurs de mammouth de la vallée de la Lone, des *Homo sapiens*, et les Néanderthaliens ; il est à l'avantage des hommes modernes. Cette lutte ne correspond à rien d'observé mais montre la supériorité des ancêtres des Germains. Il offrit à Himmler son livre, qui lui plut comme livre pour enfants : « Le 31/12/1937. Cher camarade de Parti Riek ! Merci beaucoup pour votre livre Die Mammutjäger vom Lonetal que j'ai lu hier. Je trouve ce livre très bon et j'en

---

[16] Le 27 février 1945 Reinerth avait été exclu des instances nazies de l'archéologie pour « amitiés avec des juifs ». Il fut condamné en 1949 dans le groupe de ceux qui furent coupables dans le régime nazi en raison de la corruption et de la politisation de la science, avec les témoignages à charge des anciens disciples d'Himmler comme Riek.

[17] SS-Obersturmführer puis SS-Hauptsturmführer (Strobel 2010).

[18] Les chasseurs de mammouths de la vallée de la Lone.

ai immédiatement fait commander un lot d'exemplaires, comme cadeau convenant à des enfants et pour leur formation. Il me rappelle beaucoup deux livres que je lisais dans ma jeunesse. A vous revoir en janvier. Heil Hitler votre H.H. »[19]

Il participa à la formation de la nouvelle génération d'archéologue jusqu'à sa retraite le 30 septembre 1968[20]. Considéré internationalement pour les découvertes du Vogelherd, ses publications servirent de base aux travaux de ses successeurs au Jura souabe. Ayant la propriété des statuettes qu'il conservait dans un coffre de banque, il ne les exposa qu'une seule fois lors d'un anniversaire de son université, ce qui ne fournissait pas les meilleures conditions d'étude aux collègues. Ses héritiers les ont vendues à l'université de Tübingen.

Vogelherd, le berceau de l'Art

Ce n'est que depuis 1969, avec la thèse du jeune archéologue Joachim Hahn (1942-1997) sur l'Aurignacien[21], et jusqu'à nos jours, que toutes les sculptures découvertes dans le Jura souabe sont considérées comme aurignaciennes par la plupart des équipes qui travaillent sur cette région. Par voie de conséquence, elles sont actuellement tenues un peu partout comme les plus anciennes sculptures connues au monde, et certains considèrent la région, le Jura souabe, comme le berceau

---

19 Cité par H. Heiber. Lettres de et vers Himmler. Stuttgart 1970. Strobel 2003. 456.

20 Müller-Beck 2010.

21 Das Aurignacien in Mittel-und Osteuropa. Hahn, thèse de doctorat (1969).

de l'Art. Le successeur de Riek au poste de professeur, H. Müller-Beck, a écrit que c'est le plus ancien témoignage d'expression artistique[22]. L'importance de ces jugements quasi définitifs, que les archéologues nazis n'avaient même pas exprimés, nous pousse évidemment à en rechercher les fondements. Riek n'avait jamais prétendu que les statuettes étaient les plus anciennes du monde, il les avait simplement comparées à celles de l'Europe centrale qui sont contemporaines du Gravettien ; après la guerre, il ne s'est plus guère exprimé à leur sujet, mais de nombreux archéologues comme lui ont attribué au Gravettien[23] (*Aurignacien supérieur* selon le vocabulaire du moment de la découverte) la couche IV qui avait fourni des statuettes du Vogelherd, par la suite certains archéologues, comme Sonneville-Bordes en France et Hahn très influent, ont contredit cette attribution et les ont attribuées à l'Aurignacien.

L'Aurignacien du Vogelherd selon J. Hahn en 1969 - 1971

Les contenus lithiques de l'ensemble des deux couche IV et V du Vogelherd d'où les statuettes ont été extraites ne correspondaient pas tous à l'Aurignacien tel qu'on le connait ailleurs, et beaucoup convenaient plutôt au Gravettien, aussi Hahn les qualifia d'Aurignacien à facies germanique ce qui excluait la présence du Gravettien. Il aurait été profitable d'effectuer des datations au radiocarbone, une pratique qui était

---

[22] Müller-Beck & Albrecht 1987.

[23] « La couche IV du Vogelherd est souvent considérée comme appartenant au Gravettien » (Hahn 1971a : 242). Il cite ailleurs G .Freund 1957.

déjà utilisée ailleurs[24] à cette époque. Les datations radiométriques si elles avaient été effectuées auraient prouvé la présence de Gravettien (tableau page 27) et cela aurait réglé le débat entre Hahn qui prétendait qu'il n'y avait pas de Gravettien dans ce site et ceux qui soutenaient le Gravettien. Toutefois, ce débat fut clos sans datations radiométriques. Pourtant Hahn reconnaissait en 1971, tout comme Riek, que « les sculptures d'animaux du Vogelherd correspondent formellement et thématiquement au Pavlovien[25] de Kostenki[26]. » A l'objection de ceux qui constataient que partout ailleurs l'art animalier a débuté au Gravettien et non à l'Aurignacien, le jeune Hahn répondait qu'il n'y a pas de raison pour que l'Europe centrale et orientale possède uniquement les caractéristiques françaises[27]. Il n'est plus possible actuellement d'exclure le Gravettien du site et de conclure à l'Aurignacien par défaut du Gravettien comme le faisait Hahn dans ses débuts. D'autant que peu avant son décès, il écrivit dans une publication posthume que le Gravettien était aussi présent au Vogelherd[28]. Cela est totalement ignoré par tous ceux qui publient des articles sur le Vogelherd… et de continuer à proclamer l'Aurignacien avec certitude.

---

24 La première datation à Lascaux a été réalisée lieu en 1948, par Libby, le créateur de la méthode, sur un prélèvement fait par H. Breuil.

25 Culture postérieure à l'Aurignacien.

26 Important site archéologique de Russie

27 Hahn 1971b.

28 Hahn 2000.

Dates d'os de Vogelherd (d'après Conard et Bolus 2003 ; Hahn, 1977), en années radiocarbone BP non calibrées.

A : Aurignacien ; G : Gravettien ; M : Magdalénien. Conv : mesures conventionnelles par radioactivité, SMA : mesures par accélérateur d'ions.

Niveau	Ref.	Conv/AMS	Années radioc. BP	± σ[29]	Culture
III	OxA-10196	SMA	25 780 mam. dent	250	G
	OxA-10198	SMA	26 110 mégacéros dent	310	G
	OxA-10195	SMA	31 680 mam. dent	310	A
	OxA-10197	SMA	39 700 rhino. dent	650	?
IV	KIA 8966	SMA	13 015 bovin/cheval fémur	55	M
	KIA 8957	SMA	26 160 os long	150	G
	H-4053-3211	Conv	30 730 mélange	750	A/G
IV/V	PL0001340A	SMA	13 630 renne	410	M
	GrN-6583	Conv	23 860 mélange	190	G
	GrN-6662	Conv	27 630 os brûlé	830	G
	PL0001339A	SMA	32 180 tibia cheval	960	A

[29] 1 σ correspond à une fiabilité statistique de la mesure de 66%. 2 σ : 95%.

	PL0001342A	SMA	34 100 bovin/cheval	1100	A
V	H-4035-3209	Conv	23 020 Mammouth ?	400	G
	H-8498-8950	Conv	25 900 mélange	260	G
V	H-8497-8930	Conv	27 200 mélange	400	G
	GrN-6661	Conv	30 650 os brûlé	560	A
	H-8499-8991	Conv	31 350 mélange	1120	A
	H-4056-3208	Conv	3 1 900 mélange	1100	A
	H-4054-3210	Conv	30 162 mélange	1340	G/A
	H-8500-8992	Conv	30 600 mélange	1700	G/A
	KIA 8968	SMA	31 790 artiodactyle tibia	240	A
	PL0001338A	SMA	32 400 tibia cheval	1 700	A
	KIA 8969	SMA	32 500 renne	260/250	A
	KIA 8970	SMA	33 080 cheval	320/310	A
	PL0001337A	SMA	35 810 bovidé/cheval	710	A

L'argumentation de Hahn en faveur de l'Aurignacien était fondée principalement sur l'absence du Gravettien, ce qui ne correspond pas à la réalité et elle est contradiction avec les datations au carbone 14 et avec les observations de Riek. Dire que l'Aurignacien a été établi par Riek ou Hahn pour ces statuettes est donc une contre vérité. Le plus probable si l'on se réfère aux observations de Riek est que ces statuettes sont gravettiennes, car certaines ont été extraites de couches qu'il identifiait comme gravettiennes où il n'y avait pratiquement rien d'Aurignacien et d'autres en dessous, là où des objets des deux cultures étaient présents, il s'agit probablement d'un effet de tassement ou même d'un enfouissement, comme cela était pratiqué dans des caches creusées dans le sol pour conserver les artefacts.

Une surprise arriva : de 2005 à 2014, les sédiments qui avaient été rejetés à l'extérieur de la grotte par l'équipe de Riek furent fouillées et tamisés par N. Conard et M. Zeidl. De nouvelles statuettes ont été retrouvées (photographies ci-dessous). Le plus intéressant de ces artefacts est une sculpture dont le thème et le style sont typiquement magdaléniens : une Vénus[30] sculptée du style de celles qui ont été découvertes à Lalinde-Gönnersdorf, compatible avec les dates 13 015 et 13 630 BP obtenues sur des os des couches IV et V du Vogelherd. Elle est à rapprocher d'autres sculptures de même style découvertes dans une région proche, les Vénus magdaléniennes de Petersfels, comme l'a fait le musée de Blaubeuren[31] proche du Vogelherd qui a exposé cette Vénus de Vogelherd avec celles de Petersfeld l'hiver 2014-2015. Mais les scientifiques locaux n'ont jamais fait état de cette statuette (à notre connaissance). C'aurait été tout de

---

[30] Sudwest Presse, 2010.

[31] Spanel 2014.

même contrariant pour ceux qui affirment que tout est aurignacien au Vogelherd.

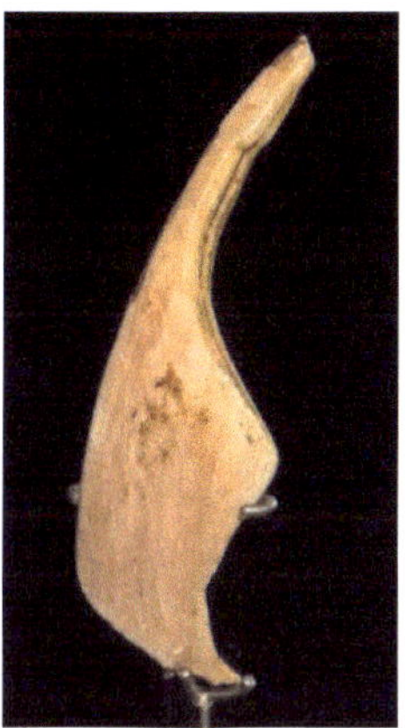

Sculpture féminine schématisée, typique du Magdalénien supérieur (sur dent de sanglier) du Vogelherd (photo Thilo Parg). En 1912 des gravures de ce type féminin avaient été découvertes à Hohlenstein bei Ederheim, d'autres à Felsställe toujours dans le sud de l'Allemagne.

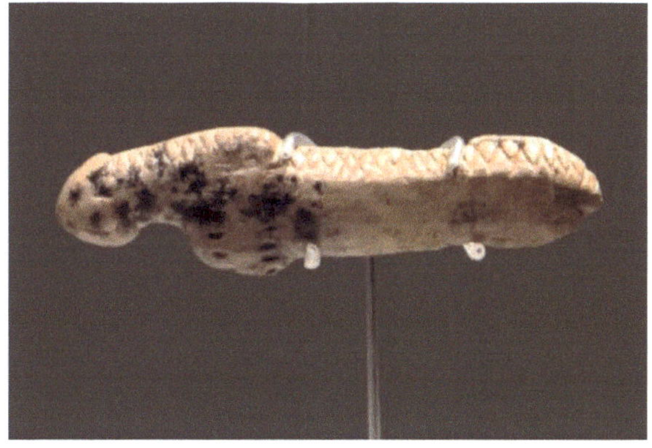

Félin, provenant des gravats de Vogelherd, 2006 (photo Th. Parg)

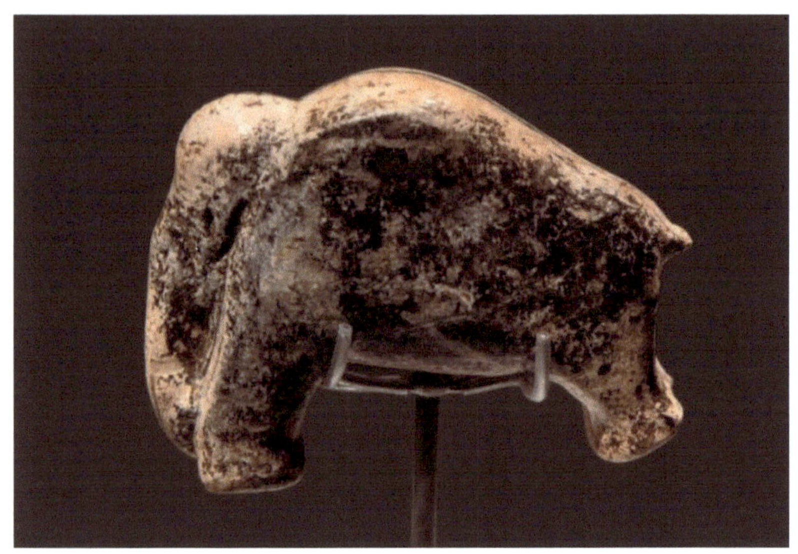

Mammouth, 2006 (Th. Parg)

CHAPITRE 2

La statuette d'Holenstein Stadel

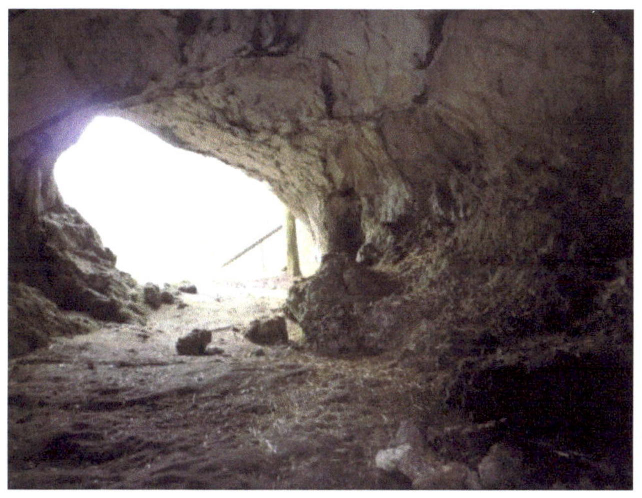

Intérieur de la grotte (Photo Frantz)

Un programme de fouilles pour la vallée de la Lone

Robert Wetzel (1898-1962) enseignait l'anatomie à l'université de Würtzburg en Allemagne, puis il dirigea en 1932 les fouilles de Bockstein située dans la vallée de la Lone tout comme le Vogelherd, puis celles de la grotte d'Hohlenstein-Stadel dans la même vallée. Il obtint pour cela des crédits des SS par le Reichsführer Himmler et à l'automne de 1935 le "Lontalplan"[32] pour diriger toutes les fouilles dans cette vallée. Cela contrariait Riek qui estimait avoir mérité cette direction par son succès au Vogelherd, surtout que Wetzel devenait un personnage inquiétant : membre du service de renseignements SD en 1934, nommé en 1936 à la chaire d'anatomie de l'Université de Tübingen, un an plus tard il devint vice-recteur de l'Université. C'était pourtant un nazi tardif, son adhésion au NSDAP ne datait que de 1933, probablement par opportunité, contrairement à Riek qui était un nazi convaincu. Wetzel était un conférencier brillant à l'opposé du rigide Riek ; comme anatomiste, il était sans doute plus utile aux dirigeants nazis que Riek géologue de formation, pour des considérations raciales sur les hommes anciens. Le régime nazi attachait beaucoup d'importance à l'archéologie, persuadé qu'il apporterait la preuve de l'ancienneté et la supériorité de la race germanique, c'est pour cela qu'un de ses plus importants personnages en prit la direction : Himmler.

[32] Petershagen, 2014.

Wetzel devint donc le patron des fouilles dans la grotte d'Hohlenstein Stadel et délégua sur place un jeune docteur en géologie, Otto Völzing, pour réaliser les travaux. Cela se passait juste avant la mobilisation générale qui interrompit ces fouilles le 24 Août 1939. Völzing écrivit une lettre à Wetzel qui se rendit aussitôt sur place. La raison était d'importance : la découverte d'une sculpture « *magdalénienne*[33] ». Le professeur Wetzel écrivit aussitôt à son supérieur H. Schleif[34] : « [La grotte] est fermée, après avoir encore livré le tout dernier jour des résultats culturels que l'on peut déjà qualifier de sensationnels. En particulier, le Magdalénien a fourni une aiguille en os long, deux assez convenables pendentifs percés, et des fragments d'une sculpture en ivoire. Ce qu'elle représente n'est pas reconnaissable ; la sculpture est parfaitement intentionnelle. […] Si vous voyez encore une fois le Reichsführer[35], faites lui le plaisir s'il vous plaît de l'informer. »

Cela se passait alors que les relations entre Riek et Wetzel étaient devenues détestables. Dans une première lettre à

---

[33] C'est-à-dire aux environs de 13 000 BP.

[34] Lettre de Wetzel à H. Schleif (Wehrberger, K. (ed.) (2013). *The Return of the Lion Man. History, Myth, Magic.* Thorbecke Ed. Ulm Museum.

[35] Himmler.

Himmler[36], le 9 mai 1939, Riek s'était déjà plaint que Wetzel n'était pas un spécialiste, qu'il n'était qu'un archéologue amateur qui exploitait sans pitié Völzing qui n'avait pas le courage de rompre avec lui. Il concluait avoir eu à cœur de mettre au courant le Reichführer du risque pour la « réputation de haute qualité de la SS dans notre pays » et « d'autant plus que par le passé la recherche sur le Paléolithique souabe a eu une excellente réputation non seulement en Allemagne, mais est appréciée dans le monde entier ». Riek ne faisait qu'imiter la plainte d'un autre archéologue, Andrée, peu avant que ne soit extraite la célèbre statuette d'Hohlenstein Stadel à la fin du mois d'Août 1939.

Une enquête menée par l'Ahnenerbe[37] d'Himmler conclut le 26 mars 1940 que les reproches arrogants d'Andrée étaient infondés, car les rapports qu'il critiquait comme trop sommaires n'étaient que des rapports préliminaires, elle confirmait que Wetzel était un bon préhistorien et que les plaintes de Riek n'étaient qu'un effet de sa jalousie devant un homme qui réussait ses travaux[38]. Les plaintes de Riek continuèrent pendant le début de la guerre. Une médiation fut tentée par des collègues, Bohmers et Rust, qui échoua. Le 25 juin 1940, Wetzel écrivit à H. Schleif, le directeur des opérations de fouilles archéologiques à la SS-Ahnenerbe, qu'il était impossible de s'entendre avec Riek, à cause de sa duplicité incurable : « La discussion et la réconciliation, vous le savez, sont je vous l'assure dans l'intérêt

---

[36] Müller-Beck 2010 : 142-144.

[37] Direction SS de l'archéologie créée par Himmler pour rechercher l'origine du peuple germain.

[38] Müller-Beck 2010 : annexe 15.

du travail, de l'institution, de la camaraderie, et nécessitent une attitude personnelle claire sans litige. Cependant, je dois dire que je ne possède plus l'optimisme dont je faisais preuve toutes ces années à l'égard de Riek. Je suis obligé de regarder les choses avec le scepticisme d'un médecin au sujet des aliénations incurables. Et je dois souligner que personne ne peut être servi par une réconciliation les yeux dans les yeux, après laquelle, comme jusqu'à maintenant, des non-dits seront bien exprimés par derrière ». Himmler a encore tenté de les réconcilier, finalement le 27 août 1940, Riek lui écrit « J'ai toujours rejeté Wetzel pour ses fouilles. Pour moi, il est une personne ni digne, ni national-socialiste. » Il demande à Himmler de ne plus travailler avec lui. Après la guerre, ils se retrouveront tous les deux comme enseignants à l'Université de Tübingen.

La statuette d'Hohlenstein Stadel devient aurignacienne selon Hahn

Riek ne voulait pas en rester là et avait formé le projet de réviser les travaux de Wetzel avec un autre préhistorien, Assien Bohmers, après la fin de la guerre, prévue sans aucun doute victorieuse[39]. Rien de tout cela n'a eu lieu. Bohmers, qui était aussi un nazi convaincu, a repris sa carrière d'archéologue et l'a terminée d'une manière peu glorieuse[40]. C'est finalement Hahn à

[39] Müller-Beck 2010 : 132.

[40] Il joignit à son dossier de candidature aux Waffen-SS une photographie pour montrer son pédigrée aryen, car il était blond aux yeux clairs. (The master Plan by Heather Pringle. ©2006 Heather Pringle. Published by Hyperion.). Après la guerre, il a participé à la production de pétroglyphes contrefaits. (Martin Findell. vocalism dans les inscriptions runiques thèse Continental à l'Université de Nottingham présentés pour

partir de 1969 qui se mit à la tache de réviser les fouilles de Wetzel et Völzing qui avaient situé la sculpture d'Hohlenstein Stadel dans un niveau magdalénien. Hahn l'attribua à l'Aurignacien, après l'avoir retrouvée en fragments dans les réserves du musée d'Ulm en 1969.

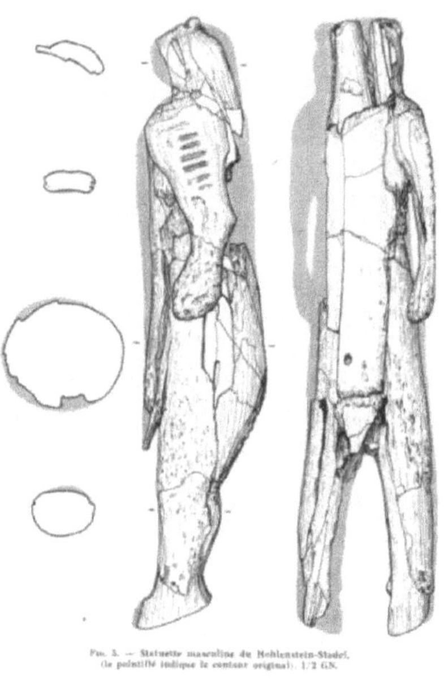

Première reconstitution (Hahn 1971a)

---

l'obtention de docteur en philosophie, Septembre 2009. 192 Nottingham e Theses). Riek et Wetzel n'ont jamais été accusés d'avoir fait des faux.

Hahn avait connaissance d'une publication de Wetzel de1941, d'une lettre de Völzing (il n'en indique pas la date) et des documents sommaires de fouille de Völzing. Dans les collections du musée d'Ulm, il s'intéressa à la boite en carton contenant les fragments de la statuette qu'il a ensuite reconstituée avec des collègues, constatant qu'elle représentait un homme à tête d'animal, aujourd'hui communément appelée Löwenmensch ou Homme-lion. Un beau travail. Hélas, son interprétation chronologique ne peut déclencher autant d'admiration. Il attribua la statuette à l'Aurignacien, ce qui fut accepté par à peu près tous les archéologues. Il ne signala jamais dans ses publications qu'il contredisait ceux qui avaient pratiqué les fouilles. Les arguments qu'il présentait doivent être examinés :

1- Il fondait son évaluation de l'âge sur l'inscription marquée sur la boite qui était mal conservée, détériorée par une large fente selon ses termes. Les inscriptions étaient–elles suffisamment lisibles pour en déduire une profondeur de découverte correspondant à un niveau de l'Aurignacien ? On peut en douter, car il n'a jamais cité cette l'inscription et jamais aucun de ceux qui le suivent dans son attribution à l'Aurignacien n'a fourni une photographie de l'inscription sur ce carton qui doit pourtant encore se trouver dans les réserves du musée d'Ulm.

Il utilisait la couleur rouge-brun des fragments d'ivoire d'une manière contradictoire suivant les publications, pour éliminer la possibilité du Magdalénien[41].

2- Après avoir ainsi éliminé le Magdalénien, il attestait l'Aurignacien par élimination du Gravettien parce que, selon lui, cette culture n'existait pas dans la vallée de la Lone, mais par la suite de nombreux travaux d'archéologues contredisent cette affirmation, ils ont montré que Vogelherd dans la Lone possède du Gravettien comme beaucoup d'autres sites du Jura souabe, Sirgenstein, Brillenhöhle, Hohle Fels et Geissenklösterle.

3- Hahn faisait allusion à une lettre de Völzing qui indiquait une renardière et les traces d'une fouille sauvage près des fragments de la statuette lors de la découverte. Peut-on croire que Völzing dont les écrits étaient très concis décrivait l'entourage de la position de découverte des fragments s'ils n'avaient pas été identifiés comme d'importance, relatifs à une sculpture qui était une « découverte sensationnelle » selon Wetzel. Pourtant, Hahn écrivit que les fragments « n'avaient pu être identifiés comme statuette »[42] lors de la découverte, ce qui est faux, la lettre de Wetzel le prouve, les fouilleurs ne savaient simplement pas quel sujet les fragments représentaient, mais ils étaient certains qu'il s'agissait d'une sculpture.

---

[41] Hahn 1971a, 1971b.

[42] Hahn 1971a : 234.

Il n'y a dans tout cela aucune justification de l'Aurignacien, ses affirmations tentent à valider sa croyance (il venait de terminer sa thèse sur l'Aurignacien allemand), sans rien prouver. Cette statuette, si elle était aurignacienne, lui donnait l'occasion de confirmer l'Aurignacien des statuettes du Voglherd: « Les deux couches aurignaciennes du Vogelherd ont donné une série de statuettes d'animaux en ivoire [...] L'attribution à l'Aurignacien est souvent mise en cause. [...] La statuette du Hohlenstein Stadel, qui se trouve à quelques kilomètres seulement à l'Ouest du Vogelherd, montre bien que l'Aurignacien de la vallée de la Lone connait des œuvres d'art mobilier ». Mais de toute manière, on ne peut rapprocher cette statuette d'homme-animal qui a 30 cm de longueur des statuettes animales du Vogelherd qui sont de tailles beaucoup plus petites. Deux attributions injustifiées (l'une sur Vogelherd et l'autre d'Hohlenstein Stadel) ne se renforcent pas, mais montrent au contraire l'incapacité de fournir des preuves. Conscient tout de même de la faiblesse de son argumentation, il modérait ses conclusions par un conditionnel : « *si* la datation la place dans l'Aurignacien »[43]. S'il avait été cohérent, il aurait dû signaler que selon lui Wetzel s'était trompé sur la localisation stratigraphique de la découverte faite par Völzing, mais ce dernier était géologue donc compétent en stratigraphie.

---

[43] Hahn 1971b.

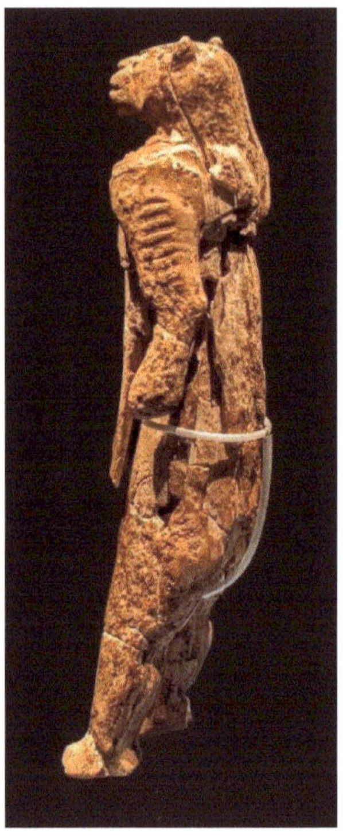

Restauration en 2012, 2013. (Photo Dada629)

Les arguments avancés par Hahn en faveur de l'Aurignacien des statuettes de la vallée de la Lone reposent sur la prétendue absence de Gravettien dans les deux sites. De nos jours, tous les archéologues savent que le Gravettien y est présent. Pour la statuette d'Hohlensein Stadel, ceux qui l'attribuent à l'Aurignacien écrivent se fonder sur l'indication du carton qui se trouve dans les réserves du musée d'Ulm auquel ils ont accès : aucun n'a fourni la photographie ni même le prétendu texte, aucun ne cite la lettre de Wetzel indiquant le Magdalénien.

CHAPITRE 3

Les statuettes de la vallée de l'Ach

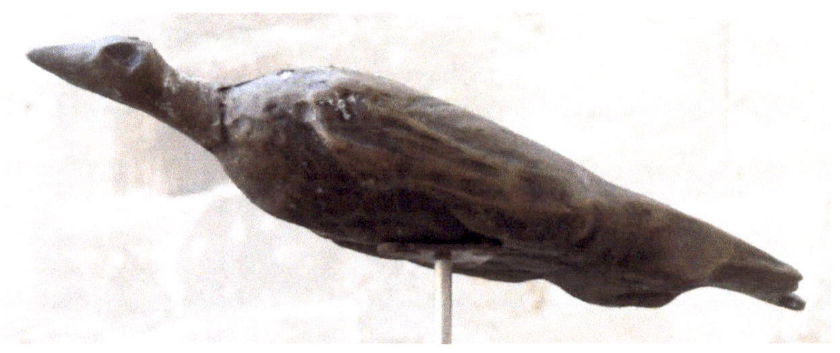

Hohle Fels, (photo. Dirk Schaefer)

Deux sites de la vallée de l'Ach, voisine de celle de la Lone, ont fourni des petites statuettes d'ivoire. Il s'agit des grottes d'Hohle Fels et de Geissenklösterle ; les figurines furent rapidement attribuées à l'Aurignacien par les archéologues locaux J. Hahn puis N. Conard. A Hohle Fels, l'une d'entre elles a été découverte dans un niveau gravettien, elle représente une tête d'animal, d'autres se trouvaient dans des niveaux ou se mêlaient des pièces archéologiques aurignaciennes et gravettiennes. Le Gravettien de ces sculptures fut rejeté encore sans preuve (selon nous) comme pour les deux grottes de la Lone.

On peut illustrer la méthode utilisée par un bref extrait[44] d'un article concernant une découverte dans la *grotte d'Hohle Fels* : « cet article est consacré à l'étude d'une tête de cheval en ivoire datée du Paléolithique Supérieur (Gravettien) et mise au jour en 1999 dans la Grotte Hohle Fels près de Schelklingen (Alb-Donau Kreis, Allemagne) ». Mais la suite de l'article ajoute « l'assemblage organique inclut une figurine en ivoire qui ressemble à la tête d'un cheval et est une découverte typique de l'Aurignacien. » L'Aurignacien non établi pour Vogelherd et Hohlenstein Stadel va servir d'argument pour affecter toutes les sculptures du Jura souabe à l'Aurignacien.

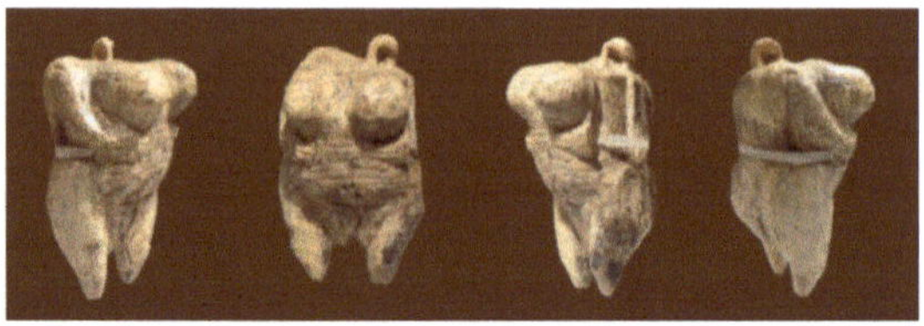

Vénus en pendeloque, Hohle Fels. Ce style de représentation est typique du Gravettien comme la vénus de Willendorf en Autriche. (Photo: Silosarg. Urgeschichtliches Museum Blaubeuren, 2010).

---

[44] Conard et Floss 2000.

La grotte d'Hohle Fels a fourni aussi deux sculptures féminines qui elles sont typiques du Gravettien par leurs formes rebondies, appelées quelquefois Vénus, du nom de la déesse de l'amour, malgré leur aspect qui ne suscite guère la passion amoureuse.

Dans la *grotte de Geissenklösterle*, qui a fourni plusieurs statuetets, les dates obtenues au Carbone 14 diffèrent selon les techniques de décontamination utilisées[45] :

Le niveau II_b d'où ont été extraites les statuettes :

29 800 ± 240 BP (KIA) et 33 950 ± 550 BP (ORAU) sur le même prélèvement.

Le niveau III_b :

28 640 +380/-360 BP (KIA) et 37 300 ± 800 BP (ORAU) sur le même prélèvement.

Le procédé de décontamination utilisé par le laboratoire ORAU ajoutait une phase d'ultrafiltration qui élimine les molécules de petite taille, mais nous ne disposons d'aucun moyen permettant d'identifier l'origine des molécules datée.

Que les dates publiées proviennent des os ou des contaminants, cela importe peu, ce qui importe est qu'elles montrent la présence de matières de dates très différentes dans chacun de ces niveaux. Les dates plus jeunes pourraient provenir de contaminants issus d'un niveau supérieur ; mais au-dessus du niveau où ont été découvertes les statuettes, le niveau Ic considéré comme gravettien et ne possédant aucun artefact

---

45 Higham *et alii* 2012.

aurignacien a fourni les dates aurignaciennes 30 300 ± 750 ou 32 900 ± 450 BP selon la technique de décontamination utilisée. Les contaminants pourraient alors remonter les niveaux ? Une date aurignacienne ne garantit pas l'Aurignacien de tout un niveau.

Dans l'état actuel, nous pensons que les dates du radiocarbone ne permettent pas de distinguer l'Aurignacien du Gravettien pour les statuettes de Geissenklösterle.

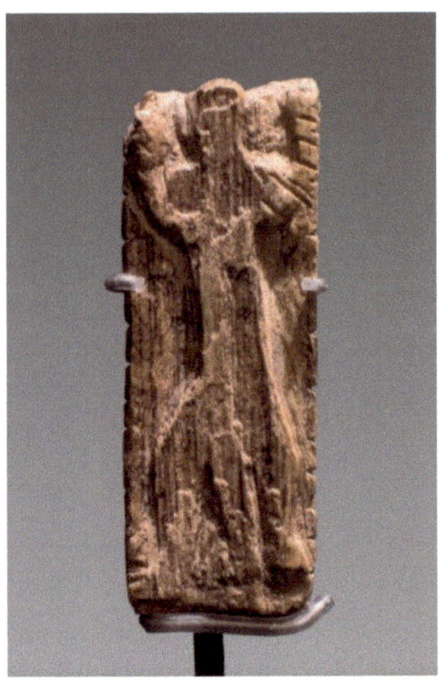

Adorant, Geissenklösterle (photo. Th. Parg)

Malgré de multiples tentatives faites depuis un demi-siècle, aucune *preuve* n'a été apportée pour permettre d'attribuer les figurines du Jura souabe à l'Aurignacien. On proclame : *« En tout cas, les fouilles dans la Lone et l'Ach ont révélé que l'Aurignacien a été une période de grande innovation et que le Jura souabe est le berceau de l'art… »*[46].

---

[46] Conard, d'après Allenhöffer, 2015.

CHAPITRE 4

Dans les sépultures de Sungir (Russie)

Des figurines justement datées

L'utilisation des techniques physico-chimiques est une démarche ardue, mais la compétence des archéologues permet d'aboutir à des résultats indiscutables. Un exemple nous le montre, appartenant à la même époque de la préhistoire.

Sungir est situé à 200 km à l'est de Moscou. Un site de tombes a été fouillé à partir de 1955. Plusieurs squelettes humains ont été découverts dans la position de l'inhumation, ce qui témoigne d'un état de conservation remarquable et d'un niveau stratigraphique non perturbé. Des parures funéraires étaient présentes, parmi elles plusieurs sculptures, de facture relativement simples. Si on arrivait à obtenir l'âge des squelettes, on obtiendrait du même coup et sans aucun doute possible celui des sculptures. Plusieurs procédés ont successivement été utilisés pour obtenir la date des os, les résultats obtenus n'étaient pas tous concordants. Assez récemment fut mise au point une technique qui permet d'extraire de l'échantillon un acide aminé (l'hydroxyproline) et de le caractériser par chromatographie. Ceci est d'importance car cet acide aminé est essentiellement présent dans le collagène des os. C'et la méthode la plus fiable pour dater un os.

Les 4 dates ainsi obtenues pour les os humains provenant des tombes fournissent une plage[47] située entre 29 000 et 30 000 BP[48], comme les dates d'os de mammouth situés dans le même niveau.. Sur les squelettes de la sépulture double des enfants 2-3, se trouvaient deux figurines. D'autres techniques de décontamination ont fourni des dates plus jeunes (25 000 à 27 500 BP), une contamination par des consolidants pour conservation en musée n'aurait pas été éliminée.

Cela révèle qu'à cette époque qui est contemporaine du début du Gravettien au Jura souabe, dans un site où l'Aurignacien est absent, il existait aussi un travail de sculpture de l'ivoire, selon un contexte archéologique indiscutable.

---

[47] Nalawade-Chavan et *al* 2014.

[48] Contrôlées par FITR (transformé de Fourier de spectre I.R.). S'il restait une contamination, elle serait nettement plus ancienne que 30 000 BP, elle proviendrait d'un niveau plus bas.

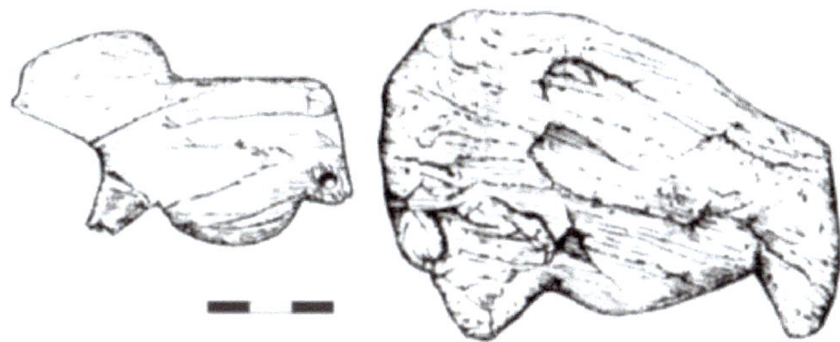

Les figurines représentant un cheval et un mammouth ont été découvertes dans la sépulture double des enfants. Le cheval était placé sur la poitrine du garçon. (Dessins d'après Bader, Moscou)

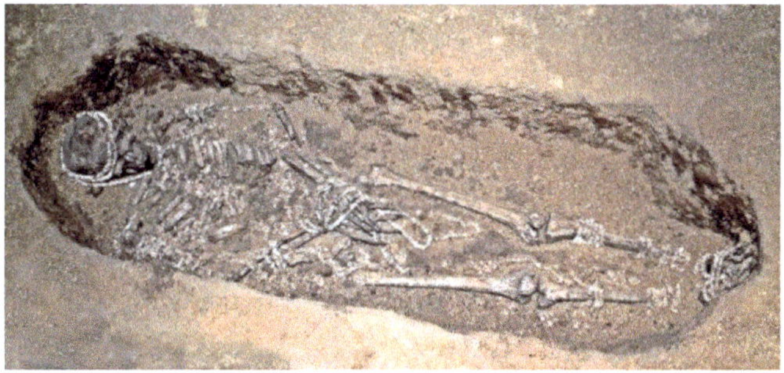

Tombe S1 de Sungir. (Photo: Man in an Upper Paleolithic burial in Sungir, Russia. J.-M. Benito Álvarez)

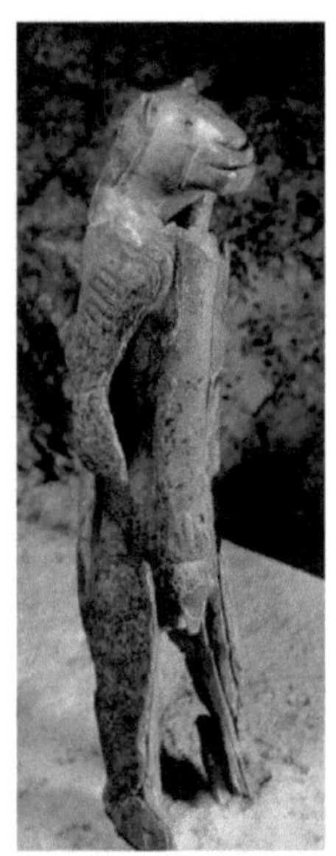

Conférence illustrée

Samedi 15 /09/ 12 - 21h - château-Mairie Vallon Pont d'Arc

Les figurines aurignaciennes
du Jura souabe et
leurs comparaisons avec les œuvres
de la grotte Chauvet.

Entrée libre
Journées du Patrimoine

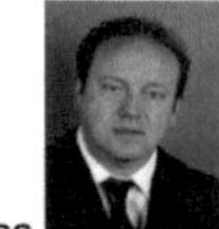

Prof. Dr. Harald Floss
Institut de Tubingen
Membre du comité scientifique de l'ERGC

(CERP, Vallon-Pont-d'Arc)

DEUXIEME PARTIE

La grotte Chauvet - Pont d'Arc

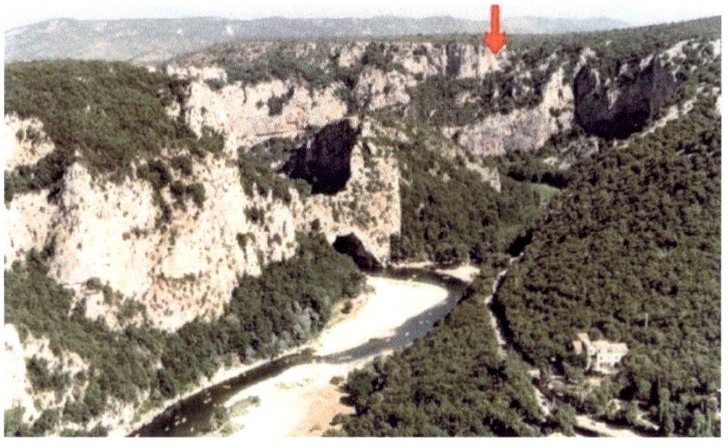

Le Pont-d'Arc, le Cirque d'Estre, l'entrée des archéologues dans la grotte Chauvet (flèche).

A sept cent kilomètres à vol d'oiseau des vallées du Jura souabe dont les eaux se jettent dans le Danube, un affluent de la rive droite du Rhône a creusé des gorges profondes que surplombe la fameuse grotte Chauvet, près du spectaculaire Pont-d'Arc sous lequel passe la rivière.

Les articles de presse, les émissions de radio et de télévision, les conférences célèbrent depuis vingt ans la plus grande ancienneté de l'art de cette grotte. Il fallut attendre le 12 avril 2016 pour que l'on apprenne par les media que certains spécialistes avaient des doutes, infondés : « Polémique depuis sa découverte » (Le Figaro), « Grotte Chauvet, fin de polémique » (France Inter), « Les peintures de la grotte Chauvet sont bien plus vieilles qu'on ne le pensait » (Libération).

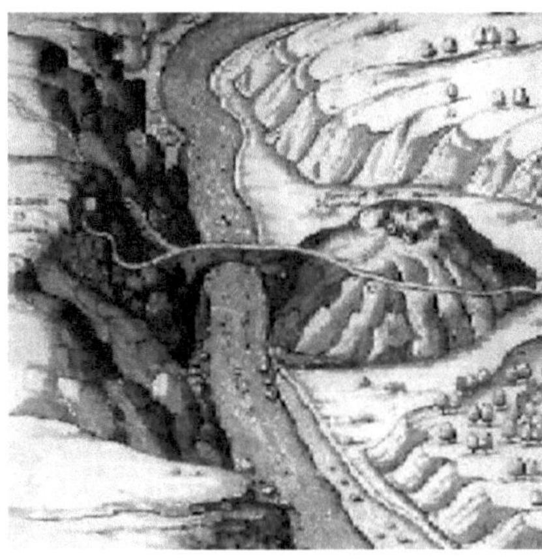

← Entrée des archéologues

(Dessin du XVIIe siècle, B.N.)

CHAPITRE 1

Plus de 30 000 ans

Cette grotte renferme plus de quatre cent dessins, gravures et peintures ; certaines représentations sont parmi les plus belles et les plus achevées de la préhistoire. Elles auraient toutes été réalisées pendant une période assez courte et seraient les plus anciennes œuvres pariétales connues, datant de plus de 30 000 ans BP selon l'équipe officielle, elles constitueraient *l'art des origines*[49]. Voici l'histoire de ces affirmations.

L'annonce de la découverte de la grotte Chauvet près du Pont-d'Arc venait d'être faite par un groupe de spéléologues amateurs et un employé du service régional d'Archéologie du Ministère de la Culture, c'était un peu avant Noël 1994. Au printemps suivant, la nouvelle fit sensation : cette grotte contenait des œuvres picturales deux fois plus anciennes que celles de la fameuse grotte de Lascaux, et d'un art tout aussi achevé. On la qualifia de chapelle Sixtine de la préhistoire, il fallait s'y attendre (tant pis si ce qualificatif avait été donné à la grotte de Lascaux parce qu'elle possède des peintures sur le plafond comme la chapelle Sixtine au Vatican, alors que la grotte du Pont d'Arc n'en possède aucune sur ses plafonds). On disait aussi qu'elle remettait en cause les connaissances admises sur

---

[49] Titre d'un ouvrage de l'équipe officielle sous la direction de J.Clottes, 2001.

l'évolution de l'art, sans se soucier que pour justifier une affirmation aussi radicale on ne disposait que de quatre dates mesurées à la hâte dans des conditions que nous avons tenté de connaitre sans grand succès, dans une grotte qui renfermait près de 450 dessins.

Ce printemps 1995, l'art de la grotte a donc été certifié datant d'il y a 37 000 ans environ (c'est à dire 32 000 BP en dates conventionnelles du carbone 14), par Jean Clottes[50]. Comment pouvait-il en être aussi certain, au point de n'y mettre aucune réserve, en se fondant uniquement sur une technique de datation dont l'application directe dans le domaine pariétal en était seulement à ses débuts ?

Une nouvelle technique permet la datation directe d'œuvres pariétales

La connaissance de la radioactivité de l'isotope 14 du carbone a permis depuis le milieu du XXème siècle de dater les composés organiques très anciens. Il devenait alors possible de déterminer l'âge des os et des charbons de bois enfouis dans les sols depuis les temps préhistoriques. Dans les années 1980, une technique de mesure a été mise au point pour dater des échantillons très petits, de quelques milligrammes, on pouvait alors dater des prélèvements opérés sur des peintures. Le problème est que ces objets anciens ont été pollués par des contaminants, carbonés eux aussi, pendant tous ces millénaires. Des procédés de purification chimique ont dû être mis au point

---

[50] Clottes *et alii* 1995.

pour éliminer ceux qui proviennent des sols (composés humiques et calcaire). Ils donnent en général satisfaction pour dater les échantillons provenant des sites de plein air dans lesquels se trouve ce type de polluants, mais il n'en n'est pas de même pour la datation de ceux qui proviennent des grottes. La contamination des parois des grottes est très différente de celle qui règne en profondeur dans les couches du sol hors des grottes, car ici tout est en surface, exposé à l'oxygène de l'air, les contaminants peuvent être bactériens, en outre les artistes mêlaient diverses substances au charbon de bois (liant, charge) pour en faire des peintures, ce dont il faut tenir compte dans les procédés de décontamination.

L'utilisation routinière des techniques de décontamination mises au point pour des échantillons extraits de la profondeur des sols n'est pas forcément efficace dans ce milieu et ne conduit pas nécessairement à la date du charbon de bois. Un recensement effectué par José Javier Alcolea Gonzalez[51] et Rodrigo de Balbin Behrmann donne une idée de l'étendue du problème : lorsque plusieurs prélèvements sur un même dessin ou groupe de dessins contemporains sont datés, *50 % de ces dates sont à rejeter à cause des contradictions insurmontables qu'elles présentent.*

---

[51] Alcolea Gonzalez et de Balbin Behrmann 2007 : 456.

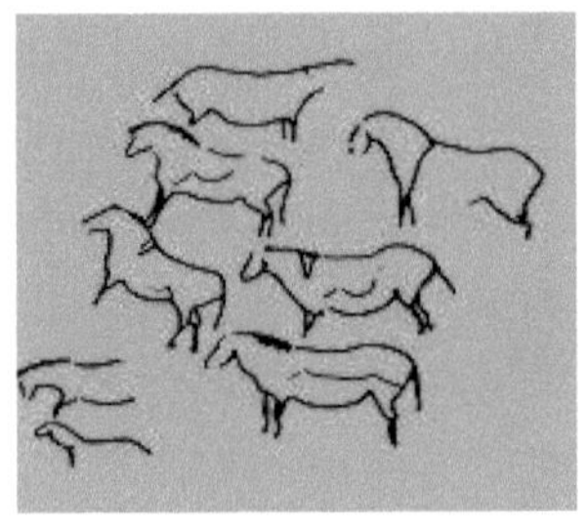

Chevaux, grotte d'Ekain (Espagne).

Ecarts des dates qui devraient être les mêmes. La valeur juste n'est pas nécessairement située à l'intérieur de la plage :

Grotte	**Dessins, panneaux**	**Dates extrêmes en années radiocarbone BP**
Candamo	Ponctuations noires	15 160 33 910
El Castillo	Bisons	10 520 14 090
Chauvet	Rhinocéros affrontés Cheval du même panneau	30 790 32 410 20 790 31 950
Cosquer	Chevaux 1 5 et 7 Bisons 1 et 2	18 820 24 730 18 010 27 350
Cougnac	Mégacéros femelle	19 500 23 610
Ekain	Chevaux 29 et 44	4 930 12 520
Tito Bustillo	Cheval 58	7 440 9 650

Datation des dessins de la grotte Cosquer

La grotte Cosquer et la grotte Chauvet sont les seules grottes auxquelles les découvreurs autoproclamés ont donné leur nom, mais c'est une autre histoire. Les premières datations de la grotte Cosquer ont été réalisées par le LSCE[52] et ont été interprétées par J. Clottes peu de temps avant que ne soient connues celles de la grotte Chauvet.

Dans une première publication de 1992, J. Clottes[53] constatait que les représentations pariétales dans la grotte Cosquer se répartissent en deux périodes.

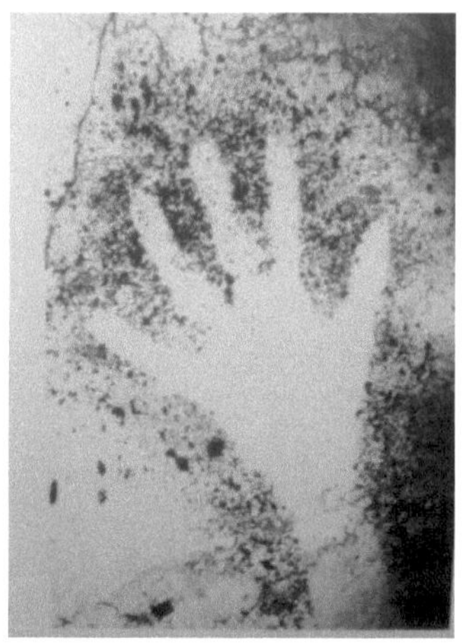

Main négative, grotte Cosquer. (Reprod. St G^{n}.en Laye,SiefkinDR)

---

[52] Laboratoire des Sciences du Climat et de l'Environnement, à Gif sur Yvette.
[53] Clottes *et alii* 1992 a.

La première période concerne les tracés digitaux (dessinés avec le doigt sur l'argile meuble des parois) et des mains négatives, c'est-à-dire du colorant soufflé sur une main. La seconde ne comprend que des animaux. « L'analyse détaillée des conventions utilisées, comme celle des thèmes et des techniques, montre que dans ces domaines, cet art se situe dans un cadre connu, pour l'essentiel celui du groupe méditerranéen, à une époque vraisemblablement antérieure à Lascaux ou assez proche. » Cela fut rapidement confirmé par les premières datations au carbone 14, qui fournissent plusieurs dates[54] voisines de 27 000 BP pour la première phase et pour la seconde des dates plus récentes mais un peu plus anciennes que celles que l'on attribue généralement à de la grotte de Lascaux. « La fourchette chronologique de la Phase 2 s'est considérablement resserrée. Elle s'établit maintenant entre 18 000 et 19 000 BP avec 5 dates concordantes. Toutefois, si l'on considère qu'une légère contamination a pu subsister pour l'échantillon lc, le regroupement des résultats se placerait plutôt entre 18.500 et 19.000 BP[55] ». (Les dates qui posent problème sont celles du cheval 5 beaucoup plus anciennes que celles des chevaux 1et 7 ; celle du bison 2 très différente de celle du bison 1, elles n'étaient pas toutes connues lors des premières datations).

---

[54] Clottes *et alii* 1992b.

[55] Ceci est justifié par la date humique plus jeune.

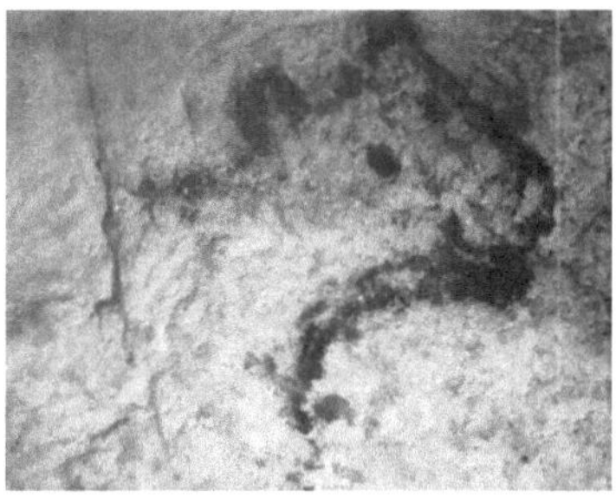

Tête de félin, 19 200 ± 310 BP (Cliché : J. Collina-Girard)

En effet, de nouvelles datations furent effectuées en 1996 et fournirent des dates dont certaines étaient incompatibles avec celles qui avaient été obtenues en 1992, à cause d'écarts de plusieurs milliers d'années (schéma ci-dessous). Personne n'a contesté les dates d'origine, c'est-à-dire celles des représentations animales au Solutréen, vers 18 000 à 19 000 BP. Il apparait à l'évidence que certaines dates très anciennes étaient fausses. Cela revient aussi à confirmer la datation d'après le rapprochement avec d'autres œuvres datées qui possèdent des procédés stylistique identiques (Parpallo'). C'est aussi le cas des dessins de la grotte ardéchoise d''Ebbou que se rapprochent le plus les œuvres de la grotte Cosquer, par les procédés cités, mais aussi par le caractère raide et figé des animaux, par l'absence de détails anatomiques, par le traitement des pattes, selon les termes de J. Clottes. Nous remarquerons que le même rapprochement peut être fait avec de nombreuses œuvres pariétales que possède la grotte Chauvet–Pont d'Arc.

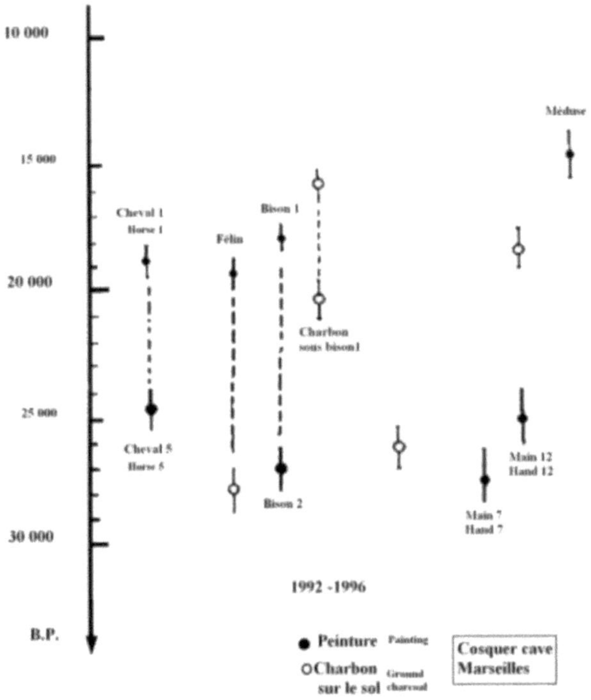

Premières datations dans la grotte Chauvet

C'est pendant ce temps, en 1993, qu'eut lieu la publication d'une théorie de J. Clottes selon laquelle l'art n'évolue pas lentement comme on l'admet généralement. Viennent ensuite la découverte de la grotte Chauvet et au printemps 1995 la publication des premières dates non vérifiées mais certifiées exactes. Cela marque l'abandon en 1995 de l'esprit rationnel de J. Clottes sur les datations radiométriques dont il venait d'exposer clairement et avec justesse les difficultés dans un long article en 1994 où il concluait sur les dates du carbone 14 : *nous devons les considérer comme de nature essentiellement ambigües, qui nécessitent d'être analysées dans le détail, critiquées et vérifiées par comparaison avec ce que l'on sait par ailleurs grâce à d'autres méthodes*[56].

En effet, invité par Jean Pierre Daugas, le directeur du Service Régional d'Archéologie Rhône-Alpes au Ministère de la Culture, il visita une première fois la grotte et écrivit dans la postface d'un ouvrage, dont les auteurs étaient les découvreurs[57], son identification des procédés de style et des cultures des dessins et peintures ornant les parois de la grotte. Comme il l'avait fait pour la grotte Cosquer, il constatait les analogies précises avec les dessins solutréens des grottes d'Ebbou, de Parpallo', également de la grotte de Lascaux et de la grotte Cosquer, et concluait sur l'âge : « une fourchette de quelques milliers d'années entre 17 000 (Lascaux) et 21 000 (Solutréen local) voire antérieurement n'est pas invraisemblable. »

Le revirement

Quelques semaines plus tard, ils firent une seconde visite dans la grotte au cours de laquelle ils prélevèrent 3 échantillons de pigment noir sur deux figurations : les Rhinocéros affrontés de la Salle Hillaire et le Bison de la Salle du Fond. Ils les firent dater par le laboratoire LSCE qui semble avoir le monopole des datations paléolithiques des grottes de France. Les résultats obtenus allaient de 30 340 à 32 410 en années radiocarbone BP.

---

56 Clottes 1994 : 64.

57 Chauvet et *alii* 1995.

J. Clottes publia aussitôt une note d'information[58] dans laquelle il assurait que « ces dates, les plus anciennes au monde pour des peintures, bouleversent nos conceptions sur la genèse et le développement de l'art pariétal ». Comme peu de temps auparavant il avait identifié des dessins provenant du Solutréen et du Magdalénien et qu'il avait critiqué les datations au radiocarbone, pour affirmer un changement d'attribution aussi différent, il fallait bien présenter au moins une confirmation des dates, la voici : « La datation (26 120 ± 400) d'un mouchage[59] de torche superposé à la calcite couvrant un dessin prouve que certaines au moins des représentations ont bien été effectuées à des dates très anciennes et que l'on doit écarter l'hypothèse, au demeurant fort improbable, de visiteurs solutréens ou magdaléniens qui auraient ramassé sur le sol des charbons aurignaciens et s'en seraient servi pour tracer leurs dessins des milliers d'années après le passage des premiers occupants de la caverne ». Le terme « prouve » est inadapté, car si on a besoin d'une preuve pour valider les dates du bison et des rhinocéros, on ne doit pas utiliser la datation du mouchage de torche qui a été obtenue obtenue avec la même méthode par le même laboratoire et au même moment, elle est sujette au même doute. Mais ce n'est pas le plus grave, le pire est que ce mouchage de torche n'est pas comme il l'a écrit « superposé à la calcite couvrant un dessin ». Puisque cette pseudo preuve a été largement diffusée, nous devons en dire un peu plus :

---

58 Clottes 1995.

59 « Mouchage » : bois calciné déposé par le frottement d'une torche sur la paroi.

Le Service Régional d'Archéologie (SRA) Rhône-Alpes indiqua l'emplacement de ce mouchage de torche : "Des mouchages de torche viennent ponctuer 4 000 ans plus tard *le thorax du rhinocéros de droite*" et diffusa la photographie de l'emplacement indiqué pour cette trace de torche (ci-dessous) : la trace est absente. D'ailleurs une autre publication des membres de l'équipe situe cette trace de torche dans une autre salle de la grotte, là où il n'y a aucun dessin. Enfin un témoignage postérieur indique que cette trace de torche dont on ne connait pas la localisation n'avait pas encore été datée[60].

La photographie ne montre aucune trace de frottement de torche, mais seulement le contour du sommet du crâne de la tête d'un cheval sur le haut des pattes du rhinocéros ainsi que deux traces de doigts charbonnés sur le flanc du rhinocéros.

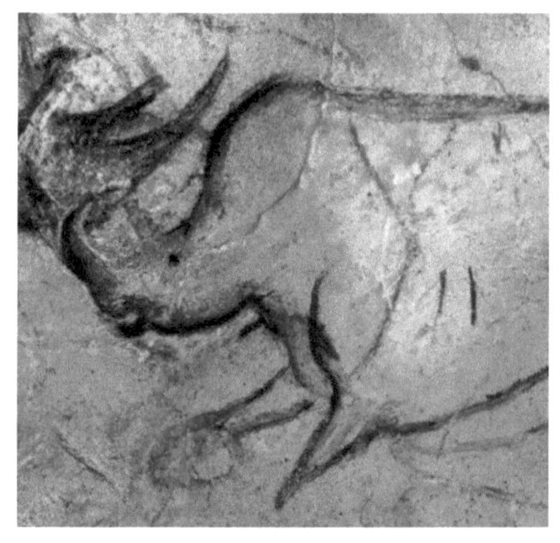

Les dernières publications de l'équipe n'en font plus état.

J. Clottes ne fournira jamais l'analyse *dans le détail* de la procédure de datation, contrairement à ce qu'il avait préconisé. Il

---

60 Combier et Jouve 2012.

avait pourtant analysé en détail les datations de ses collègues, comme celles de Cougnac réalisées par M. Lorblanchet dans la publication de 1994 où il soulevait le problème de la composition des prélèvements datés, or la composition des peintures de la grotte Chauvet ne sera jamais publiée[61], c'est un problème majeur puisque cette composition permet de choisir un traitement de décontamination adapté. Par exemple certains constituants comme de l'os pulvérisé qui était utilisé au Paléolithique rendent inefficace le type de décontamination adapté seul charbon de bois[62] et entraine une date fausse. Un autre article[63], plus détaillé, parut à peu près simultanément, cette fois ci avec les signatures de J.Clottes, J.-P.Daugas, des découvreurs et de H.Valladas du LSCE.

La datation de la grotte Chauvet a été une sorte de chemin de Damas pour J. Clottes. Après avoir développé un raisonnement rationnel vis-à-vis des problèmes de la datation directe au carbone 14, il oublia toute attitude critique envers les résultats du radiocarbone et les accepta sans examen pour cette grotte.

L'équipe travaillant dans cette grotte, sans doute consciente du manque de justifications des dates, recherchera des confirmations tout en évitant soigneusement d'aborder les

---

[61] Une seule analyse des pigments réalisée en 2001 pour deux dessins a été signalée, mais jamais publiée. Collectif 1 2005 : 150.

[62] A cause du caractère alcalin de l'un des constituants de l'os.

[63] Clottes *et alii* 1995.

conditions de réalisation des dates du carbone 14, la piteuse opération du mouchage de torche sera suivie par d'autres tentatives.

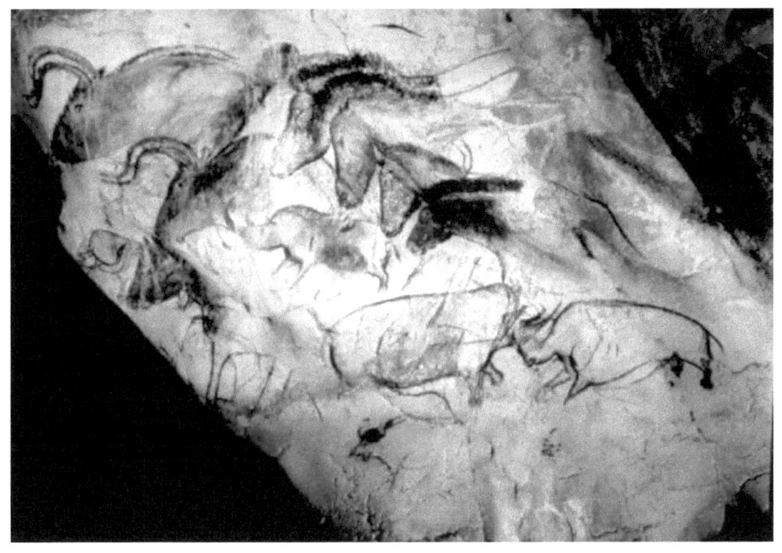

Panneau des chevaux noirs, Salle Hillaire (SRA Rhône-Alpes).

Les premiers avis des scientifiques

La recherche scientifique progresse grâce à la confrontation féconde des points de vue de nombreux chercheurs. Ceux qui avaient une expérience dans la chronologie des œuvres pariétales de ces époques examinèrent les publications de J. Clottes, c'est à cela qu'elles servent, et présentèrent leurs points de vue.

Ce furent Jean Combier, Christian Züchner, Paul Bahn, Paul Pettitt, José Javier Alcolea Gonzalez et Rodrigo de Balbin Behrmann, préhistoriens européens renommés, de France, Allemagne, Grande Bretagne et Espagne, qui travaillaient depuis longtemps sur l'art pariétal du Paléolithique. Les points qu'ils soulignaient étaient l'incompatibilité évidente qu'il y a entre les styles des œuvres de cette grotte et les dates avancées ; la non-communication de la manière dont avaient été réalisées les datations ; l'exemple de la datation dans la grotte de Candamo[64] réalisée à la même époque et par le même laboratoire, qui avait été contredite par d'autres datations réalisées par un autre laboratoire. Ils ne faisaient en cela qu'appliquer la méthode critique qu'avait préconisée J. Clottes l'année précédant la découverte Il y eut pour toute réponse l'affirmation que de nouvelles découvertes peuvent bouleverser les connaissances et que c'était bien le cas de la grotte Chauvet qui remettait en cause ce que l'on croyait sur l'évolution de l'art. « Chaque découverte majeure apporte des nouveautés et un réajustement dans nos connaissances »[65]. Rien d'autre n'a été écrit pour justifier la fiabilité des dates, rien sur les conditions de réalisation, la composition des pigments datés. Il n'y eut jamais *l'analyse en détail*, la vérification par *comparaison avec d'autres méthodes* comme il en avait montré la nécessité peu avant dans son article sur la datation directe des œuvres pariétales.

---

[64] Pettitt & Bahn 2003.

[65] Clottes, INORA 13 – 1995.

Le refus du débat sur les conditions de réalisation des datations sera permanent, ce qui peut être considéré comme du mépris envers les confrères de cet archéologue du Ministère de la Culture ; mais il s'agirait plutôt selon nous de l'impossibilité qu'il y avait de fournir des arguments pouvant réfuter les critiques et la crainte de laisser apparaître le caractère non fiable de ces datations-là.

Les ours jusqu'à quand ?

Une équipe officielle de chercheurs que J. Clottes recruta quelques mois plus tard mit en œuvre diverses investigations visant une vérification des dates, comme l'évaluation de la fin de fréquentation de la grotte par les ours des cavernes qui se serait produite vers 29 000 BP selon certaines mesures[66] publiées en 2011. Ils se fondaient alors sur la datation de 13 ossements d'ours dont ils avaient étudié l'ADN. Ces dates étaient de plus de 29 000 BP. Les auteurs en déduisaient que les dessins d'ours n'ont pas pu être réalisés après l'Aurignacien « because painting an animal that is no longer present is hardly feasible[67] ». Ils ne tenaient pas compte que d'autres échantillons d'os d'ours prélevés dans cette même grotte avaient été datés de 25 000 BP et publiés plusieurs années auparavant. Ceci ressemblerait fort à un mensonge par omission, puisque ces dates d'ossements d'ours des cavernes avaient été mesurées à *24 590 BP ; 25 000 BP ; 19*

---

[66] Bon et *alii* 2011.

[67] Car peindre un animal qui n'est plus présent est difficilement réalisable.

105 BP par le laboratoire de datation de Lyon et publiées[68] en 2005 dans la figure de la page suivante.

Cette mystification, s'il faut l'appeler par son nom, fut diffusée par tous les média destinés au grand public, même les plus « scientifiques » : *La grotte Chauvet datée par l'ours. La datation des plus anciennes peintures de l'humanité restait controversée. L'étude génétique et la datation de restes d'ours confirment les résultats fournis par l'analyse des pigments : les peintures de la grotte Chauvet ont plus de 29000 ans* (Pour la Science, 15/5/2011, François Savatier). Les articles des chercheurs qui contestaient ces conclusions étaient très rarement cités.

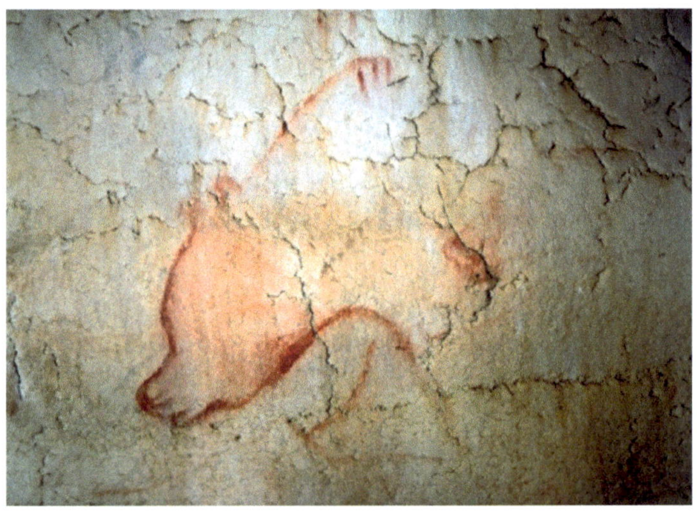

Ours à l'ocre rouge. On distingue deux autres têtes d'animaux. Première partie de la Grotte Chauvet (SRA Rhône-Alpes).

---

[68] Collectif 2005. Page 94.

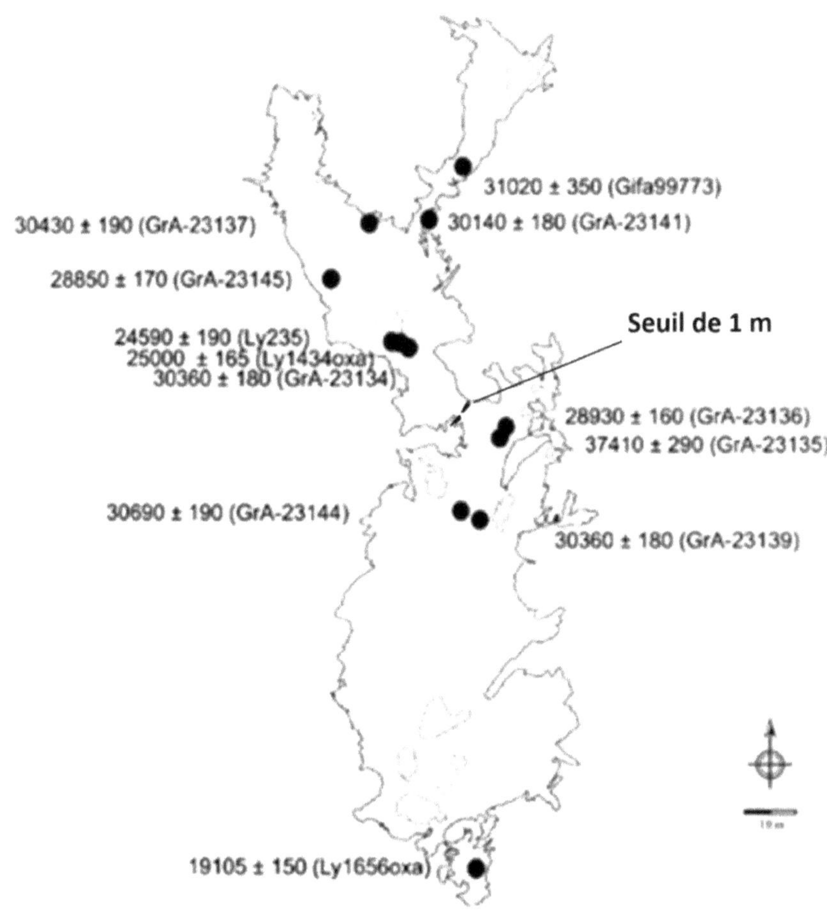

Plan des deux parties explorées de la grotte Chauvet avec les dates d'ossements d'ours (Fosse, P., Philippe, M. Collectif 1, 2005, Cc).

Eboulements d'une falaise

Des éboulements dans la falaise dominant le cirque d'Estre, au-dessus de l'entrée des archéologues, auraient fermé complètement le seul accès de la grotte au Paléolithique, avec comme conséquence, selon l'équipe : « Mais de nouvelles recherches excluent l'hypothèse d'artistes magdaléniens ou solutréens. Car si la grotte Chauvet est restée si exceptionnellement intacte, c'est parce qu'un éboulement en a scellé l'entrée. Or une équipe du CNRS et des universités de Savoie et d'Aix-Marseille vient de le dater. Les premiers blocs de pierre ont chuté de la falaise qui surplombe l'entrée il y a 34500 ans, les derniers vers 26000 ans[69]. La datation a été réalisée en mesurant la radioactivité naturelle en divers points de la falaise. Car cette radioactivité est causée par les rayons cosmiques[70]. »

Il faut tout de même indiquer que cela ne prouve rien car un éboulement n'obture pas nécessairement la totalité de l'espace suffisant au passage d'un homme, d'ailleurs dans la première partie de la grotte il existe deux dessins du genre appelé claviforme qui sont typiques du Magdalénien, c'est-à-dire bien postérieurs à la date supposée de fermeture totale. L'ours gravé du site magdalénien de La Colombière rappelle étrangement ceux de la première partie de la grotte Chauvet (page suivante).

Dans un tel milieu karstique, il pouvait très bien exister d'autres entrées, c'est ce que suggèrent les observations de M.-A. Garcia et des géologues qui ont étudié ce milieu.

---

[69] D'autres articles écrivent à juste titre 21 500.

[70] Nicolas Constans, La recherche 466, juin 2012.

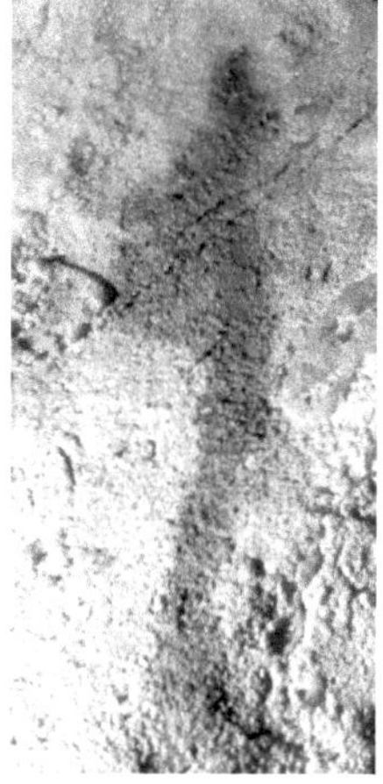

Signe claviforme (Magdalénien) à l'ocre rouge, grotte Chauvet.

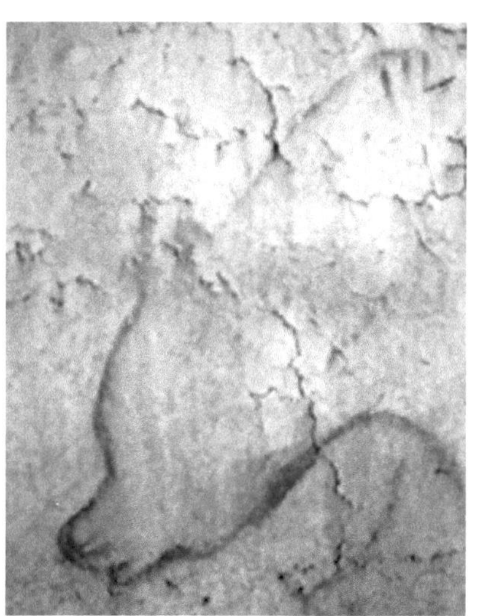

Chauvet p.70

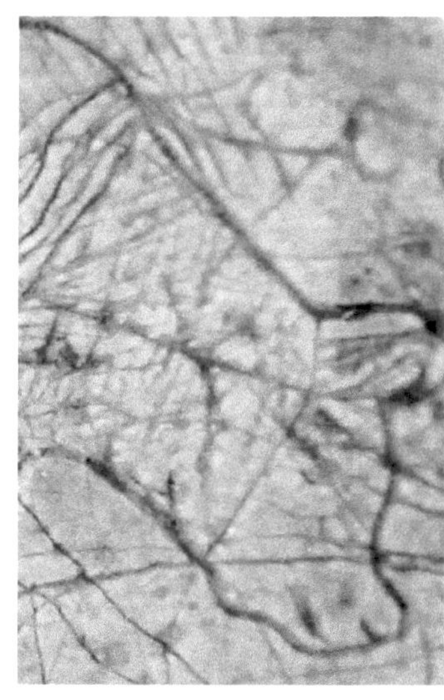

La Colombière, Magdalénien.

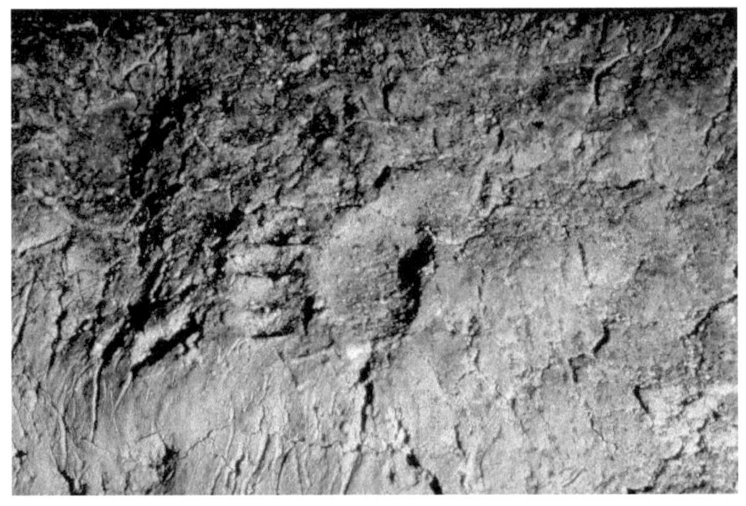

Empreinte d'ours. (Photo Garcia, SRA Rhône-Alpes)

CHAPITRE 2

Les entrées de la grotte au Paléolithique

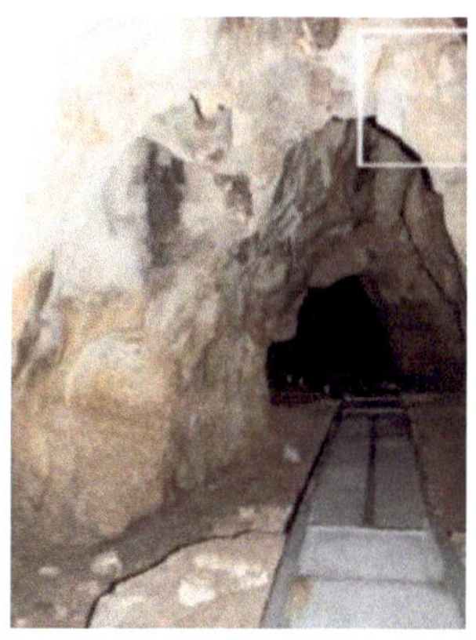

Photo Ferrier et al

(Dans le rectangle : la roche brûlée Galerie des Mégacéros)

L'âge proclamé de plus de 30 000 ans serait donc vérifié selon l'équipe officielle par la fermeture définitive de la grotte sur le cirque d'Estre, ce qui impliquerait l'absence de tout autre accès.

Les feus

Dès mai 1995, lors d'une mission officielle commandée par le Ministère de la Culture, Jean Combier avait noté la présence assez étonnante de traces de foyers bien localisés et d'une particulière intensité, singulièrement nombreux dans la partie considérée aujourd'hui comme la seconde de la grotte, dans la Galerie des Magacéros. Ces feux ont été d'une grande force, certains ayant même déterminé le décollement de plaques rocheuses des parois, probablement déjà fissurées. Les traces de rubéfactions sont observables au plafond, à trois mètres du sol près de l'entrée de cette Galerie (photo page précédente). Cela témoigne d'une extrême violence, tout à fait unique dans la préhistoire selon les archéologues. L'équipe de chercheurs du CarMoThaP[71] spécialisée dans l'étude des combustions a commencé en 2015 à reproduire ce type de feu dans une grotte à Lugasson près de Bordeaux pour obtenir des informations sur celui de la Grotte Chauvet. Les premiers enseignements ont été publiés en 2016. Il apparait que ce feu nécessitait 125 kilos de bois, enfournés par fagots de 4 à 5 kilos, pour permettre de retrouver cette chaleur au plafond, avec peu de fumée. Cela soulève plusieurs questions :

- Est-il réaliste d'imaginer le transport de ce bois depuis l'entrée sur le cirque d'Estre, nécessitant un chemin de 300 mètres environ dans l'obscurité avec un passage difficile sur le

[71] Caractérisation et Modélisation des Thermo-altérations et des résidus de combustion sur les Parois. Virginie Drean, Catherine Ferrier, Jean-Claude Leblanc, Delphine Lacanette, Jean-Christophe Mindeguia, Axel Bellivier, Gildas Auguin, Sharon Sarfati.

petit seuil (que les archéologues ont dû aménager en escalier, photo p 81) ? N'y avait-il pas une autre entrée plus proche ?

- Le dégagement de dioxyde de carbone (CO_2) plus lourd que l'air s'accumule à partir du bas en remplaçant l'oxygène de l'air. La production du feu dans la carrière a montré que le dégagement était très abondant et rendait impossible l'approche pour l'alimenter, en plus de la chaleur, il fallait l'équipement des pompiers (ce feu a été réalisée au fond d'une carrière à une douzaine de mètres de l'entrée, contre 300 mètres de l'entrée sur le cirque d'Estre).

Actuellement, il n'y a pas d'arrivée d'air par le fond de la Galerie des Mégacéros, les archéologues ne sont pas autorisés à rester plus de quelques minutes dans la Salle du Fond à cause de la concentration de dioxyde de carbone qui devient rapidement trop élevée et dangereuse, même sans combustion. On en déduit qu'il n'y a plus actuellement de circulation d'air. S'il en avait été de même au Paléolithique, les artistes n'auraient jamais pu travailler dans la Salle du Fond.

- Pourquoi réaliser une combustion aussi violente ? Il faut éliminer la possibilité de production de charbon de bois car une combustion violente n'en produit pratiquement pas, éliminer aussi l'éclairage, car signalent les chercheurs, il y a plusieurs autres foyers plus petits qui y pourvoient et un gros foyer bloquant le passage serait une gêne. Il ne reste qu'une possibilité : il faut une température très élevée pour calciner des os, or des fragments d'os calcinés ont été remarqués sur le sol de la galerie. On sait que de l'os calciné et pulvérisé a été utilisé au

Paléolithique dans la préparation de certaines peintures. Ce serait facile à vérifier en analysant des échantillons de la grotte mais cela semble interdit (ou censuré car la présence d'os invaliderait sans doute la datation).

Ces observations sur la circulation d'air nécessaire aux feus suffisent à confirmer l'existence d'une ouverture au-delà de la Salle du Fond, ce qu'évoquait en 1999 un visiteur spécialiste de l'art rupestre américain, David Whitley[72] : « [La grotte] se termine par une barrière de calcite très loin de l'entrée actuelle ; il est possible que cela ait obstrué une grotte qui était plus étendue à l'origine [...]. Le passage actuel entre les deux parties est une entrée surbaissée qui pourrait avoir été bloquée à la période glaciaire. Y avait-il une entrée à l'arrière qui a été empruntée il y a 26 000 ans par le garçon ? Une partie de l'équipe penche pour cette interprétation ». D'autres observations confirment l'existence d'une entrée assez proche du fond actuel de la grotte.

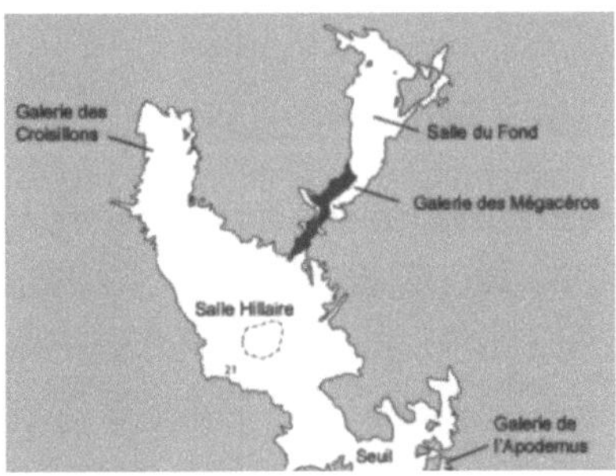

Les marques thermiques[73] (d'après Ferrier *et alii*).

[72] Dans l'ancien site Web du Ministère.
[73] Ferrier *et alii* 2014.

Les empreintes sur les sols, Michel-Alain Garcia (1938-2008)

Il faut reconnaitre l'importance des travaux réalisés par Michel-Alain Garcia en ichnologie, c'est-à-dire dans l'étude des empreintes laissées par les passages des hommes et des animaux, dont il fut l'un des meilleurs spécialistes mondiaux. Les résultats qu'il a obtenus ont montré[74] que :

- des loups ont circulé dans la première partie de la grotte (là où la lumière pénétrait).
- Les autres empreintes de canidés dans la seconde partie de la grotte n'appartiennent pas à un loup. « Comme nous le souhaitions, notre analyse a pu être menée sur des exemplaires parfaitement identifiables et mesurables dans des supports argileux de plasticités variées. Une constatation s'impose : la morphologie des autopodes s'éloigne du loup par la réduction de la longueur relative des doigts médians, ce que traduit la géométrie de son image en creux sur l'empreinte ou en relief sur l'estampage, les coussinets digitaux des deuxième et troisième doigts sont nettement engagés entre les latéraux, ce qui est la règle pour les chiens y compris les plus gros. » Elles constitueraient peut être les plus anciennes traces connues d'un canidé apprivoisé.

La seconde partie de la grotte, comptée depuis l'entrée actuelle, est celle qui possède le plus grand nombre

---

[74] L'art des origines 2001 et collectif 1 2005.

de dessins et de traces laissées par les ours, elle est séparée de l'autre par un Seuil de faible ouverture :

- « À Chauvet, un bouquetin a sauté à partir du thalweg de la salle du Fond sur le talus d'argile formant le sol de la "Sacristie", il a glissé, labourant profondément la roche de ses sabots, il s'est ensuite dirigé vers le fond de ce diverticule, les onglons nettement écartés, témoignent de l'effroi de l'animal. Les empreintes des quatre autopodes sont très nettes et permettent d'apprécier sa taille : un grand adulte, probablement un mâle. Nous retrouvons sa piste sous forme de glissades et d'empreintes statiques, au milieu et à l'entrée de la galerie du Mégacéros ainsi que sur le talus d'accès à la salle des Croisillons. À l'évidence, la présence de ce capridé est un problème. Comment a-t-il pu parvenir au plus profond de la cavité sans laisser la moindre trace au passage obligé qu'est le Seuil ? »

Par où est entré et sorti cet animal ? M.-A. Garcia ajoute qu'il y a une dichotomie entre les traces de passages des animaux dans la première partie de la grotte et celles de la seconde partie. « Pour tout cela, il est absolument impossible de rejeter l'idée que les deux parties de la grotte étaient sans communication, qu'une entrée existait à l'extrémité de la grotte. » Withley notait que ce seuil n'était peut-être pas ouvert à l'époque des peintures (page 78).

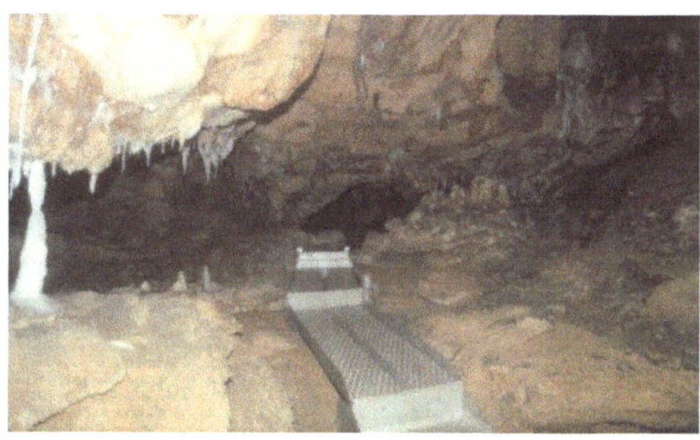

Le Seuil qui sépare les eux parties de la grotte. (Photo Y. Le Guillou[75], Collectif 1 2015, Cc)

Les ossements de plus de 180 ours été recensé dans la seconde partie de la grotte, si ces animaux avaient pénétré par le petit seuil, les empreintes et traces de leur passage, répétées au début et à la fin de nombreux hivers, seraient nombreuses et visibles, ce qui n'est pas le cas. Tout montre qu'il existait bien au moins un autre accès à ce que l'on appelle maintenant la seconde partie de la grotte, sans passer par l'autre.

Les ours n'ont pas la vision dans l'obscurité, ils s'orientent par le toucher sur les parois. La répartition continue des griffades sur les parois et la densité des bauges suggère que les ours arrivaient par le nord dans la seconde partie de la grotte (en haut à droite dans le plan de la page suivante) :

---

[75] Le Guillou Yannick. Circulations humaines et occupation de l'espace souterrain à la grotte Chauvet-Pont-d'Arc. Collectif 1. 2015.

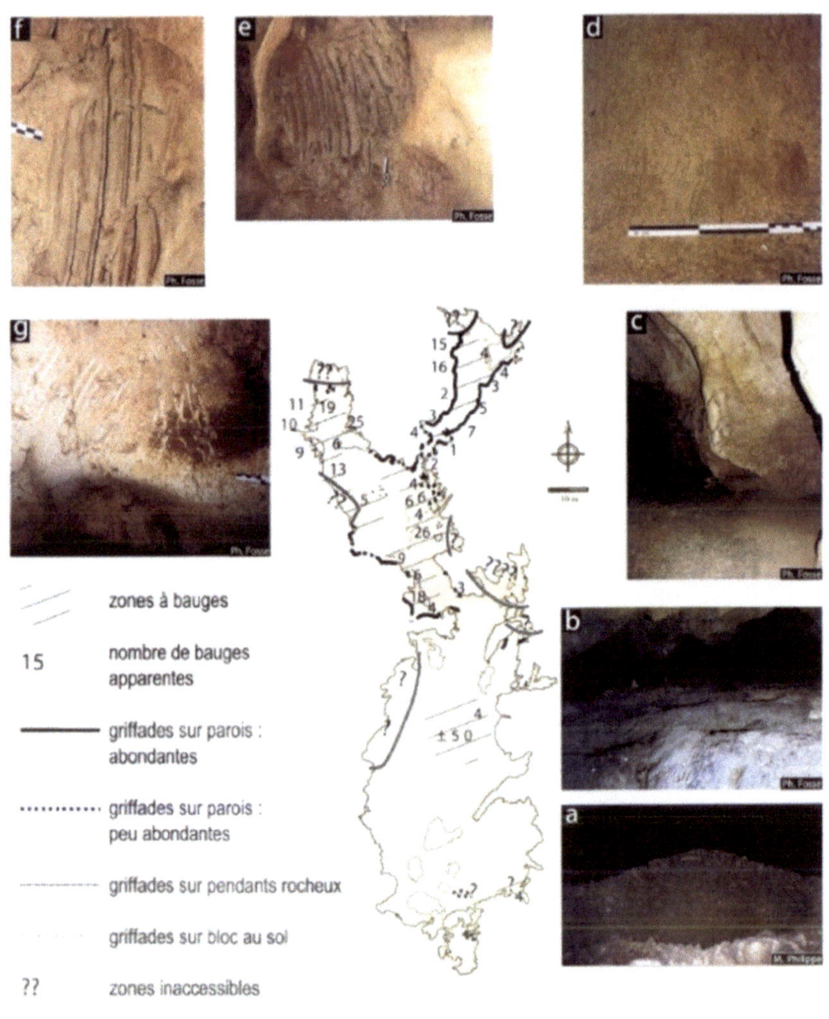

Répartition spatiale des bioglyphes d'ours des cavernes (Fosse et Philippe)[76]

76 Fosse & Philippe. Collectif 1 2005 Cc.

Formation géologique des galeries

Les géologues, L. Mocochain P. Audra J.Y. Bigot[77] et quelques collègues, ont étudié les cavités du plateau des Gras sous lequel se trouve la grotte Chauvet. Ils ont mis en évidence un réseau souterrain creusé au Messinien par les eaux de l'ancien cours de l'Ardèche qu'occupe maintenant son affluent l'Ibie. Ils en déduisent que des trajets souterrains aboutissaient aux grottes du cirque d'Estre, le schéma ci-dessous montre deux parcours possibles aboutissant à la grotte Chauvet.

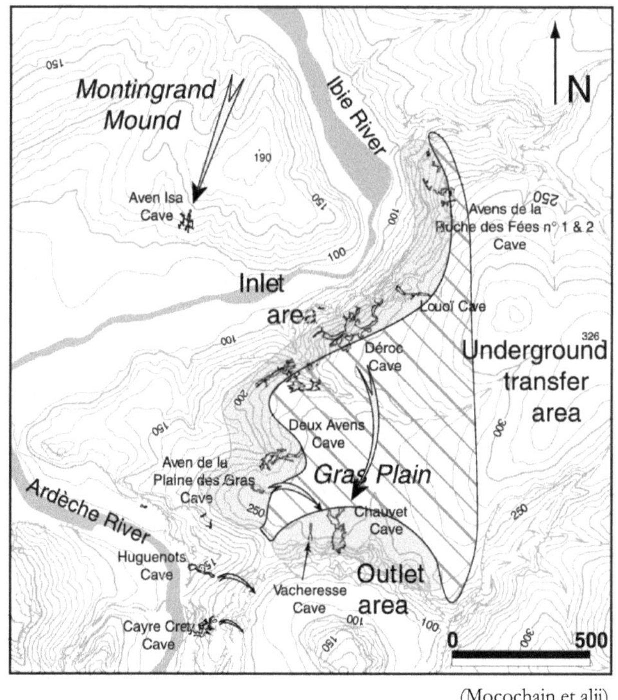

(Mocochain et alii)

77 Mocochain *et alii* 2009.

En suivant une analyse de Jean Combier, nous nous sommes rendus sur le terrain en 2013 afin de rechercher l'emplacement possible de l'entrée d'un parcours souterrain de la paléo-Ardèche aboutissant à la grotte Chauvet. Les repérages géologiques cartographiques et GPS de Jean Combier et Jean Pelletier-Thibert les ont conduits à une localisation proche de l'Aven du Marteau, dans un petit vallon dominant l'actuelle vallée de l'Ibie. C'était un secteur occupé au Paléolithique supérieur comme le témoignent les grottes du Déroc et des Deux-Avens, dans un environnement favorable non loin d'un lac sur l'emplacement actuel du village de Vallon Pont d'Arc.

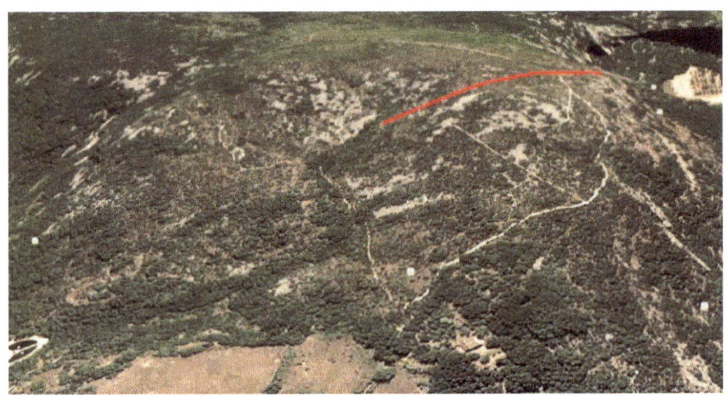

Localisation en surface d'un des anciens parcours souterrains de l'Ardèche aboutissant à la grotte Chauvet. L'extrémité gauche (ouest) domine la vallée de l'Ibie, l'extrémité droite (est) aboutit au cirque d'Estre (photo d'après Google Earth).

L'accès principal aux salles formant la seconde partie de la grotte se faisait certainement depuis ce versant. Un réseau complexe existait, partant de plusieurs points du côté du cours actuel de l'Ibie et aboutissant par différentes sorties au cirque d'Estre à un niveau un peu plus bas, la partie connue de la grotte

Chauvet ne constitue qu'une portion de ce réseau. Il serait utile de fouiller tous ces lieux. Une exploration de l'intérieur de la grotte au-delà de la Sacristie serait facile à réaliser, elle fournirait des informations qui permettraient de confirmer les observations de M.-A. Garcia, et invalider définitivement les arguments présentés pour justifier la fermeture totale de l'accès à la grotte par le cirque d'Estre. Cette exploration n'a jamais été faite : « une partie seulement de ces galeries est connue pour l'instant. Afin de préserver les sols il n'a pas été possible d'y pénétrer en profondeur et d'observer en détail les parois ornées. La prospection s'est faite par photographie indirecte. Ce ne sont pas des galeries cachées, elles étaient parfaitement accessibles aux Paléolithique.»[78].

Il n'est pas impossible que la grotte Chauvet communiquât avec d'autres grottes, un dédale de galeries plus ou moins obstruées pouvait s'y prêter. « La grotte Chauvet est située à la même altitude que la grotte du Déroc. Un recoupement souterrain de méandre a relié ces cavités à deux reprises au Pliocène[79] ».

---

[78] Site 2010, supprimé. http://www.culture.gouv.fr/fr/arcnat/chauvet/fr/pg-actu2.htm

[79] D'après des mesures de couplage cosmonucléides et paléomagnétisme, par Tassy, A., Mocochain, L., Bellier, O., Braucher, R., Gattaceca, J., Bourles, D.2014.

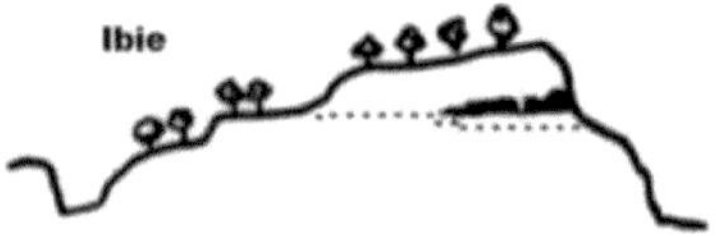

En pointillés, des parcours inexplorés.

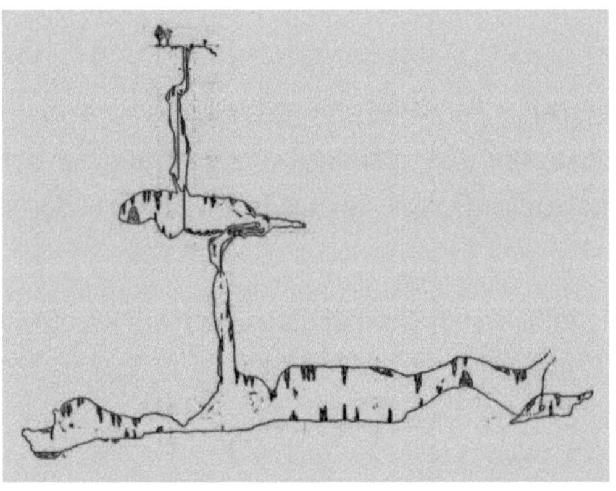

L'Aven du Marteau fait probablement partie du réseau inexploré.

CHAPITRE 3

La communauté scientifique sollicitée

A l'occasion du vingtième anniversaire de la découverte de la grotte Chauvet, la revue universitaire *L'anthropologie* a consacré un numéro spécial (n°2)[80] à sa datation. Tous les chercheurs qui avaient précédemment publié des travaux sur la datation et l'attribution culturelle de l'art de cette grotte furent contactés afin qu'ils fournissent leurs réflexions ou leurs conclusions les plus récentes sur la chronologie de l'art de cette grotte. Il s'agit d'une synthèse qui apporte le résultat de deux décennies de réflexion des chercheurs expérimentés faisant autorité dans le domaine. La presse ignora complètement ces avis des scientifiques, et les officiels purent continuer à diffuser

---

80 Collectif 2 2014.

abondamment uniquement leur interprétation. Nous sommes les seuls à en diffuser un résumé.

Une synthèse critique sur les datations rédigée par J. Combier et nous-mêmes avait été envoyée à tous ces spécialistes, en commençant naturellement par les membres de l'équipe officielle afin de donner à chacun l'occasion de présenter ses arguments scientifiques et éventuellement de réfuter ceux qui les contestaient et de défendre la position officielle. *Aucun membre de l'équipe officielle ne répondit*, ce qui est tout à fait inhabituel mais pas nouveau de la part de cette équipe qui depuis l'origine n'a jamais répondu aux objections ; tous les autres préhistoriens envoyèrent leurs contributions qui furent publiées. Ce sont des chercheurs reconnus internationalement dans ce domaine, Chritian Züchner, Paul Pettitt, Paul Bahn, Rodrigo de Balbin Behrmann, Michel Lorblanchet, Michel Martin, François Djinjian.

Voici un résumé et quelques extraits

Article de Combier - Jouve (résumé) « La découverte de la grotte Chauvet, à Vallon-Pont-d'Arc (Ardèche), en 1994, a marqué une date importante dans la connaissance de l'Art pariétal paléolithique dans son ensemble. Ses représentations peintes et gravées par leur nombre (425 unités graphiques) et leur excellente conservation offrent un thesaurus documentaire comparable à celui des plus grands sites connus, bien supérieur à ce qu'avait déjà donné le groupe des cavernes rhodaniennes (Ardèche et Gard). Mais précisément son étude, si on la replace dans son cadre naturel régional, culturel et thématique, ne permet pas d'y voir une entité isolée et d'une précocité surprenante. Elle est à reconsidérer et les affinités que nos recherches ont fait apparaître sont nettement en défaveur de l'âge très ancien qui lui a été attribué. Si l'on étend cet examen à l'ensemble du domaine franco-cantabrique, une évidence s'impose : la grotte Chauvet, si elle présente des caractères qui lui sont propres (comme chaque grotte ornée), se situe dans une phase évolutive de l'art pariétal très éloignée de ses formes d'origine (connues par l'art sur blocs et sur parois d'abris datés en stratigraphie de l'Aurignacien, en France et en Espagne cantabrique). Elle se place donc très normalement, pour la majorité de ses œuvres, dans le cadre des créations artistiques bien définies du Gravettien et du Solutréen. Cette phase du Paléolithique supérieur moyen (26 000-18 000 ans) coïncide d'ailleurs avec une occupation humaine locale particulièrement intense et diversifiée, inconnue auparavant et beaucoup moins dense ensuite, au Magdalénien. Une critique serrée du traitement des échantillons soumis à l'analyse AMS du radiocarbone, ne permet pas de retenir l'âge très ancien (36 000 ans cal BP) attribué par certains auteurs aux figures peintes et gravées de la grotte Chauvet. »

Les avis qui suivirent (résumés ou extraits)

Christian Züchner[81] est un préhistorien de l'université d'Erlangen près de Nüremberg en Allemagne. Il indique qu'il fut le témoin du revirement de Jean Clottes. C'était au Museum de Monrepos (Neuwied, Allemagne) au moment où ce dernier reçut les résultats du radiocarbone. « A cet instant, il rejeta ses précédentes

[81] Institute of Prehistory, University Erlangen-Nürnberg.

datations[82], la grotte Chauvet est devenue une grotte sanctuaire de l'Aurignacien : je rencontrai mon ami et collègue Jean Clottes à Monrepos et j'ai essayé de parler avec lui des problèmes qui en résultent, mais sans succès. En conséquence, je décidai de publier mes principales objections dès que possible afin de motiver une discussion impartiale. J'ai continué à présenter mon argumentation critique dans les journaux et des conférences au cours des années suivantes. Seuls quelques collègues en Espagne, Angleterre et en France ont ajouté de nouveaux arguments convaincants contre le grand âge. Combier et Jouve donnent un compte rendu détaillé de ces efforts. Pendant ce temps, l'âge Aurignacien est devenu une sorte de dogme, qui est accepté partout dans le monde. Mon argumentation bien-fondée fut rejetée très durement par l'équipe de recherche au cours du colloque d'Aurignac en 2005. »

Se fonder sur des critères stylistiques[83] pour établir une chronologie n'est démenti par aucune grotte, sauf la grotte Chauvet si l'on croyait aux dates de l'équipe officielle. Pour lui comme pour Jean Combier, les peintures noires ont beaucoup de points de comparaison avec les œuvres de la grotte de Lascaux[84]. Il ajoute qu'il existe des arguments forts montrant que l'art de la grotte s'est poursuivi jusqu'au Magdalénien, même si un nombre très restreint d'œuvres archaïques dans la première partie de la grotte pourraient dater de l'Aurignacien. Il conclue que beaucoup

---

82 Selon le styles, de 21 000 à. 17 000 BP.

83 Il rappelle les travaux de Leroi-Gourhan sur ce sujet.

84 Œuvres datées en général de 16 000 à 18 000 BP selon les auteurs.

de travaux restent à faire pour comprendre la chronologie de la grotte.

Michel Lorblanchet signale tout d'abord que l'art aurignacien dans la région du Sud-Ouest n'a guère de rapport avec l'art de la grotte Chauvet. Il apprécie tout ce qui a été écrit sur le contexte ardéchois et rhodanien de Chauvet, l'absence locale d'Aurignacien. Il attendait particulièrement l'avis sur ce point de J. Combier spécialiste, notamment, de la préhistoire de cette région. La grande question pour les préhistoriens étant bien celle des datations ! Il est normal qu'elles soient discutées et critiquées.

Il insiste sur la nécessité d'associer les analyses des pigments et leur datation au radiocarbone. Il rappelle qu'en 1995, il écrivait « les datations de pigments doivent être intégrées à une étude complète du site incluant celle des parois et de leur contexte. Elles doivent en particulier être systématiquement associées aux relevés des figurations et aux analyses physico-chimiques des pigments... prélever des échantillons au hasard n'a jamais constitué un embryon de méthode scientifique ». Durant toutes ses recherches, il a scrupuleusement et constamment associé l'analyse des pigments, les relevés et les datations. Il pense que la partie gravettienne de Chauvet a pu être sous-estimée par Combier-Jouve, mais la présence du Magdalénien ne lui semble pas établie. En conclusion il note qu'aucun schéma évolutif solide de l'art pariétal quaternaire ne peut pour l'instant s'élaborer tant que règne une incertitude sur la datation de cet ensemble pariétal hors du commun et que l'article de J. Combier et G. Jouve, comme ceux de P. Bahn, P. Pettit, C. Züchner, invite à un débat qui paraît aujourd'hui inévitable.

Michel Martin[85] aborde la chronologie de la grotte Chauvet « uniquement par le biais de la stylistique et de la thématique figurée et abstraite qui, indépendamment du recours aux datations radiométriques, concourent largement à douter de l'âge aurignacien des œuvres de Chauvet », points qu'il développe dans son article. Il termine « En guise de courte conclusion à ces quelques réflexions, nous adhérons pleinement et depuis plusieurs années, en fait depuis notre visite de la grotte Chauvet en 2002, à la thèse soutenue par J. Combier et G. Jouve. En effet, depuis cette date et suite à la visite de nombreux grands sites et de grottes plus mineures, nous avons l'intime conviction, loin de toute querelle, que les œuvres de Chauvet s'étalent sur un long temps d'utilisation de ses parois. »

François Djinjian s'interroge sur les raisons qui font que la grotte Chauvet est en permanence l'objet de polémiques et de scandales, qui concernent aussi bien les inventeurs, les propriétaires, les conservateurs et les chercheurs. « Il est clair que J. Clottes maîtrise mal les difficultés de l'art pariétal et de sa datation. Son obstination et celle de ses successeurs malgré les difficultés soulevées ici et là, trahit bien cette faiblesse, alors que la Science moderne peut résoudre la question sans polémique et en y intégrant tous les acteurs. Sans doute aussi le fait que les travaux scientifiques aient été confiés dans le cadre d'un Appel d'Offres public à un maître d'œuvre qui n'était autre que le maître d'Ouvrage et le donneur d'ordes ! »

---

85 Il traite des relations entre la morphologie animale et son expression selon les époques et les cultures.

Rodrigo de Balbín Behrmann, archéologue espagnol, se fondant sur l'examen des styles doute de l'unicité de la période de réalisation de cet ensemble pictural aux caractères variés. « Analysée comme une unité par les chercheurs de l'équipe, Chauvet aurait anéanti l'organisation stylistique d'André Leroi-Gourhan. Par contre, beaucoup de spécialistes se sont montrés très tôt sceptiques voire franchement contre cette hypothèse d'unicité du fait de l'absence de corrélations archéologiques et des problèmes posés par les âges 14C obtenus à partir des restes de charbon de bois pris dans les foyers. La proposition est intéressante et légitime mais, mise à part la forte conviction ' anti-style ', il faut avoir des preuves pour l'affirmer.»

Sa conclusion est que, dans les conditions actuelles des travaux, la grotte Chauvet « serait plus en accord avec des périodes plus récentes, avec des analyses de composition des échantillons, avec une analyse du matériel archéologique plus approfondie et avec une interprétation plus libre et indépendante des critères anti-stylistiques. »

Aucun préhistorien ne valida les dates de l'équipe officielle de la grotte Chauvet, pourtant l'ensemble des media continua de les promouvoir.

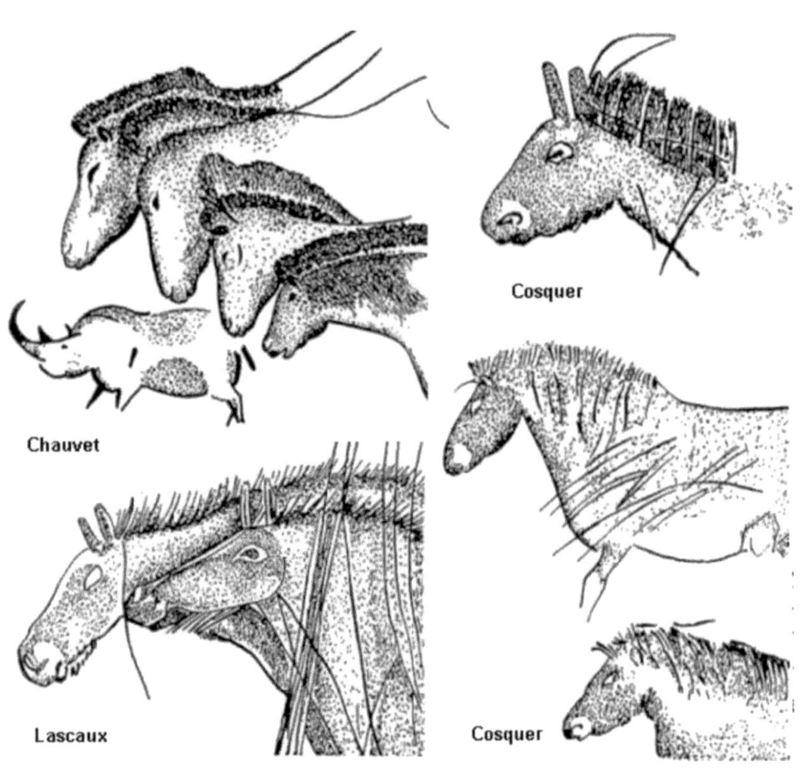

(Dessins C. Züchner)

CHAPITRE 4

Le succès médiatique

Si la datation de cette grotte telle qu'elle est présentée par l'équipe officielle n'a jamais été validée par la communauté des spécialistes, elle a obtenu très tôt la faveur des *media*. Cherchons la recette de ce succès.

1. Un préalable : la direction et le monopole de la recherche

Avant d'être nommé pour diriger l'équipe, J. Clottes fut invité dans la grotte, il en profita pour publier un article (en 1995) que nous avons signalé plus haut, avant qu'aucun archéologue n'ait été choisi pour étudier la grotte ou ne l'ait visitée. C'est donc en connaissance de cause qu'il écrivit un peu plus tard dans la revue INORA qu'il dirige, au sujet de la grotte de Cussac : « qu'un invité à la visite d'une importante découverte se précipite pour avoir la primeur de la publication, au détriment de l'inventeur et des spécialistes chargés de l'étude, constitue un très grave manquement à la déontologie qu'il convient de condamner fermement. De telles pratiques, si elles n'étaient pas dénoncées, risqueraient de constituer un précédent qui empoisonnerait pour longtemps les relations de confiance nécessaires à notre discipline[86] ». Faites ce que je dis, mais pas ce que j'ai fait ! Nous sommes tout à fait d'accord, il peut compter sur nous pour *dénonce*r ce qu'il qualifie de *très graves manquements à la déontologie.*

Dans une interview plus récente, il parlait de sa nomination comme directeur des recherches dans la grotte : « La découverte était tellement importante que le ministère de la culture a lancé un appel d'offres scientifique mondial, avec un jury international. En 1996 nous étions deux équipe à concourir : le Muséum d'histoire naturelle de Paris et la mienne [...] Ils ont voté à bulletin secret et nous avons gagné[87]. ».

Comment *nous avons gagné*

En 1997, la revue La recherche : « Jean Clottes, qui vient d'être nommé en 1991 à l'Inspection générale chargé de l'archéologie, est choisi pour l'exploration de la grotte Cosquer. Bâton de maréchal pour ce fonctionnaire toujours respectueux de sa hiérarchie. Son curriculum ne dresse-t-il pas avantageusement la liste de ses médailles et de ses grades? N'a-t-il pas changé, par souci de respectabilité, le nom de l'impasse du Fourcat où il réside en rue du Fourcat *?* »[88] On commençait à craindre que J. Clottes réussisse à s'attribuer la direction de toutes les recherches majeures, comme ce fut déjà le cas de la grotte Cosquer. Le risque existait pour la grotte Chauvet,

---

[86] Inora, 2001 n°30 p 17. J. Clottes *et alï* au sujet de la grotte de Cussac, découverte par Delluc.

[87] Clottes. Hors-série 2. 2016. Le Dauphiné.

[88] La Recherche N°294 –Jean Clottes l'homme des cavernes. 01/1997.

puisqu'il avait même débuté les travaux de datation sans qu'aucune équipe n'ait été nommée et il avait publié très rapidement en juin 1995 ses interprétations, alors que ses confères avaient été maintenus dans le secret. Pour couper court à tous ces bruits, le Ministère auquel appartenait J. Clottes lança un appel d'offres. Deux candidatures furent reçues. Celle de J. Clottes avec J. Geneste présenté comme successeur[89], l'autre de D. Vialou avec des chercheurs de plusieurs pays.

« Il faut entendre le directeur du musée d'Histoire naturelle, Henri de Lumley, comparer les mérites de Denis Vialou, qui travaille dans son propre laboratoire, et de Jean Clottes, le solitaire du Sud-Ouest : "Vialou est un philosophe de formation, un esprit synthétique ; Clottes, c'est un autre regard, un prof d'anglais au départ, il est plus analytique. Vialou est professeur au Muséum national d'histoire naturelle, il travaille également beaucoup au Brésil, a des centaines d'élèves, fait passer des thèses, conserve tous les relevés des travaux passés, y compris ceux de l'abbé Breuil, le pape de la préhistoire. Clottes, lui, travaille pour le Ministère de la Culture, il n'est pas universitaire." Le même ajoute, avec une fausse bonhomie : "Mais il est normal que dans les sciences il y ait des apports différents : pour le Big-Bang, il y a bien des désaccords entre les chercheurs. Certains le datent à quinze millions d'années et d'autres huit. Pourquoi n'y aurait-il pas des avis différents pour l'art rupestre ? J'aurais

---

89 Le Dauphiné. 2016. Hors-série Ardèche n° 2, p. 22.

préféré que Vialou soit choisi, mais Clottes est un chercheur méthodique." De méthodique à besogneux, il n'y a qu'un pas.» [90]

Le dossier de candidature de J. Clottes fut choisi à l'unanimité de la commission que le Ministère avait nommée. Les membres de la commission qui examinaient les candidatures avaient étaient prévenus qu'ils devaient voter à l'unanimité ! Par neuf voix contre zéro, le jury fit donc le choix de J. Clottes. « Le ministère de la Culture a nommé les membres du jury et s'est auto-attribué la grotte contestent les proches de Denis Vialou ».[91] Pour les archéologues, il était clair que J. Clottes avait lui-même choisi les membres du jury et rédigé le cahier des charges. « Appel d'Offres public à un maître d'œuvre qui n'était autre que le maître d'ouvrage et le donneur d'ordres ! Mais le Ministère de la Culture ne nous donne-t-il pas régulièrement les manifestations de son particularisme ? »[92]. Nommé pour trois ans, jusqu'à l'âge de la retraite, son successeur J. Geneste lui succéda et dirigea l'équipe jusqu'à maintenant sans nouvel appel de candidature. On ne change pas une équipe qui gagne.

2. Garder le monopole des travaux.

Il n'y a jamais eu d'autre équipe d'archéologues ni d'autre laboratoire pour la datation directe qui auraient enrichi les travaux avec des méthodes un peu différentes. Il n'est pas exagéré de dire que les datations ont toujours été réalisées dans le secret. Plusieurs équipes peuvent travailler successivement ou même simultanément dans un même site, cela est fructueux et

---

[90] La Recherche N°294 –Jean Clottes l'homme des cavernes. 01/1997.

[91] La Recherche 294.

[92] Djinjian collectif 2 2014.

pas inhabituel. Différents exemples à l'époque des travaux de la grotte Chauvet en témoignent.

Au Portugal, l'exemple de la vallée du Côa

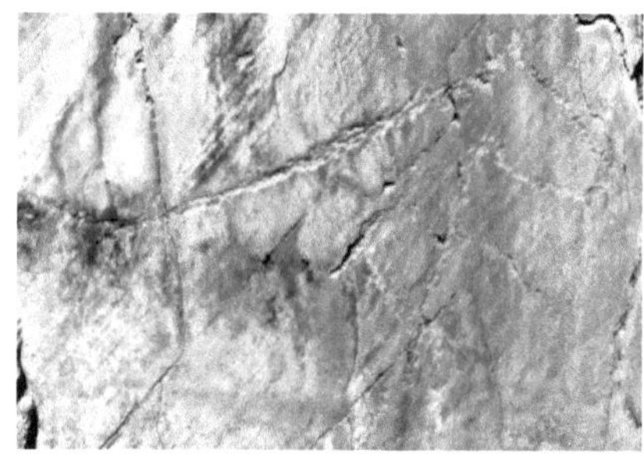

Cheval gravé

Peu de temps avant la découverte de la grotte Chauvet, on ne connaissait pas de site de plein air en Europe possédant des gravures pariétales en grand nombre. C'était donc une remarquable nouveauté que d'en découvrir sur les rochers de la vallée du Côa au Portugal. Les archéologues y ont débuté leurs travaux de datation l'année de la découverte de la grotte Chauvet.

Se fondant sur le style, les avis des spécialistes étaient unanimes pour dater la plupart des gravures du Solutréen, c'est à dire autour de 20 000 BP. Des datations scientifiques furent entreprises d'urgence, car il existait un projet imminent de mise en eau d'un barrage hydroélectrique qui, s'il avait été réalisé, aurait englouti tout le site. Comme c'est souvent le cas lorsque des travaux risquent d'entrainer la destruction des vestiges archéologiques, l'entreprise finançait une part des recherches, c'était la compagnie d'électricité du Portugal pour les premières datations physiques réalisées en aveugle : plusieurs archéologues se mirent au travail, quatre spécialistes, provenant de trois pays différents, effectuèrent leurs recherches avec l'obligation de ne communiquer ni entre eux ni avec les journalistes, afin que les résultats des uns n'influencent pas les travaux des autres. Ils annoncèrent leurs conclusions. Elles montraient que ces gravures étaient plus récentes qu'annoncées, datant de la fin de la préhistoire et même plus tard pour certaines[93], ce qui conférait une valeur moins importante qu'attendue à ces gravures et, par-là, entraînait le risque de laisser autoriser la construction de la retenue d'eau et l'inondation du site. Les dates provenaient des dépôts organiques à l'intérieur des sillons gravés. Tout de même, ces premiers résultats, qui étaient présentés comme scientifiques, étaient en contradiction avec les avis fondés sur le style, exactement comme dans la grotte Chauvet.

L'atmosphère était tendue, car une campagne relayée par les media s'était engagée au Portugal et à l'étranger pour sauver des eaux ce site exceptionnel qui montrait ce qui jusqu'alors n'avait été conservé qu'à l'intérieur des grottes. Il faut dire que J. Clottes, consulté comme expert, avait préconisé l'immersion du site sous la retenue d'eau du barrage pour le protéger du vandalisme[94], ce qui heureusement avait produit un effet d'opinion contraire et conforté la presse et le public en faveur de la non immersion du site comprenant plus de mille gravures sur

---

[93] Ils dataient des dépôts organiques dans les sillons gravés.

[94] L'express 14/12/2000.

335 rochers. Rapidement, à la faveur d'un changement de gouvernement, le projet de barrage fut abandonné et les recherches purent continuer sous l'égide du Ministère portugais de la Culture. C'est ainsi que João Zilhão mit en évidence, l'été 2005, des traces de présence humaine au Gravettien Solutréen et Magdalénien près des gravures, ce qui validait les datations stylistiques puisque l'argument majeur présenté à leur encontre était qu'il n'y avait pas eu de présence humaine dans ces lieux au Paléolithique supérieur. Cela fut confirmé l'année suivante par une équipe française du CNRS et du CEA au moyen de la datation par thermoluminescence de galets brûlés dans des strates au niveau des gravures, après avoir vérifié que les premières datations au radiocarbone qui avaient été effectuées sur des résidus organiques dans les sillons gravés n'étaient pas contemporaines de la réalisation des gravures. Le consensus se fit en quelques mois sur l'âge des gravures de la vallée du Côa, grâce aux travaux de cinq équipes, provenant de cinq pays et financés par la compagnie d'électricité et le ministère portugais de la culture.

Cet exemple montre qu'il est possible de travailler au grand jour sur des cas difficiles en utilisant les compétences de plusieurs équipes et qu'il ne faut surtout pas s'arrêter aux premières conclusions, car si on s'était contenté des premières datations, comme dans le cas de la grotte Chauvet, les gravures n'auraient pas été considérées comme provenant du Paléolithique, et auraient probablement été immergées. L'intervention des autres équipes a été possible grâce à l'opinion publique relayée par les media. Il est bien dommage que la grotte

Chauvet n'ait pu bénéficier des mêmes soins, et que l'opinion publique ait été manipulée. La grotte n'a eu droit qu'à une seule équipe de recherche, provenant d'un seul pays, choisie et financée par son administration étatique, le Ministère français de la Culture et de la Communication, depuis le début jusqu'à maintenant c'est à dire pendant 20 années. Disposant de moyens financiers considérables affectés à ses travaux, cette équipe d'une trentaine de chercheurs disposant des techniques les plus modernes, travaillant deux sessions par an dans la grotte, n'a pas été capable de dater correctement les peintures. Les contribuables l'ont financée, ce qui devrait entrainer quelques obligations.

En Espagne, dans la grotte de Candamo

En 2003 les préhistoriens britanniques Paul Pettitt et Paul Bahn, dans un article paru de la revue Antiquity, insistaient sur le fait que les datations de la grotte Chauvet effectuées par J. Clottes ne pouvaient pas être retenues tant que l'on ne disposerait pas d'information sur leur réalisation. Ils soulevaient le problème de la fiabilité de la méthode utilisée par le laboratoire du LSCE à Gif-sur-Yvette qui a effectué les datations. Leurs doutes étaient justifiés par les datations que ce laboratoire avait réalisées dans la grotte de Candamo à la même époque et qui avaient produit des dates semblables à celles de la grotte Chauvet, c'est-à-dire toutes plus anciennes que 30 000 ans, mais qui furent contredites par les résultats d'un autre laboratoire.

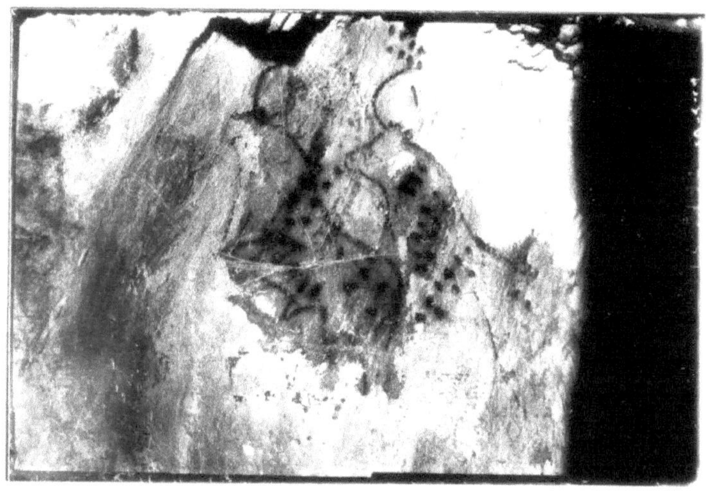

Candamo: Foto de Hernández Pacheco durante el levantamiento de las costras de calcita que cubrían a los toros 15 y 16, a las puntuaciones y a otros trazos. Esta foto, inédita, es previa a la publicada como Lám. XIV en la monografía de 1919.

(Fortea Perez 2001)

En effet, les archéologues du site espagnol, conscients que les dates fournies par le LSCE étaient en contradiction avec le style des dessins du panneau sur lequel avaient été effectués les prélèvements de pigment ; ces taches sont superposées à des dessins qui sont postérieurs à l'Aurignacien d'après leur style (voir la photographie ci-dessus).

Un examen d'échantillons au microscope électronique à balayage (MEB) a permis de constater la présence de charbon de bois, mais aussi d'os et de bactéries, les éléments chimiques C, Si, P, Al, Ca, K, et Fe ont été identifiés (avant décontamination). Il était évident que la décontamination présentait des difficultés.

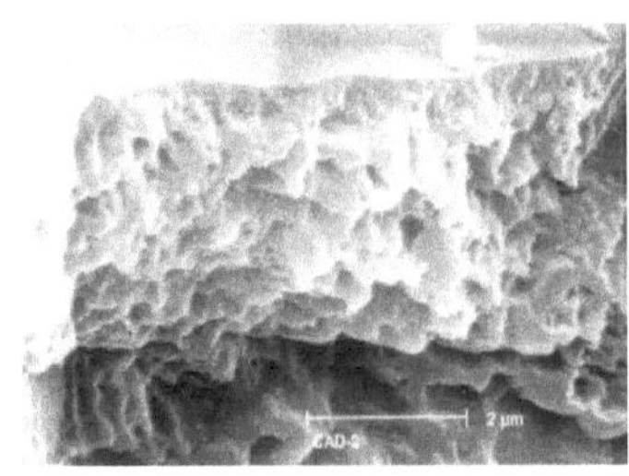

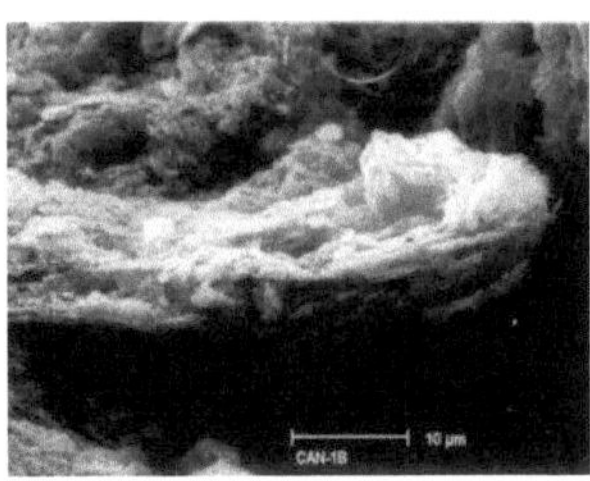

Deux des douze vues au MEB (Fortea Perez 2001)

Il fut décidé de faire réaliser des datations de ces mêmes ponctuations noires par un autre laboratoire, Geochron à Cambridge USA (la ville de l'université d'Harvard), sans leur communiquer les résultats déjà obtenus par le LSCE. Ce laboratoire obtint des dates de 15 000 ans plus jeunes après avoir effectué des contrôles qui vérifiaient la signature isotopique en carbone 13, attestant que leurs dates étaient bien celles du charbon de bois, ce qui en certifie la fiabilité[95]. Le LSCE n'avait rien fourni qui puisse être considéré comme une confirmation de ses résultats.

Quelques années plus tard, une nouvelle équipe travailla à Candamo et publia[96] les teneurs en l'isotope 13 du carbone des prélèvements que le LSCE avait autrefois mesurées mais pas publiées, elles sont différentes de la signature du charbon de bois et montrent que la substance que ce laboratoire avait daté n'était pas du charbon de bois pur et cela confirmait bien que les 30 000

---

[95] Nous détaillerons plus loin ce point sur l'isotope 13.

[96] Corchón *et alii* 2014.

ans avancés n'étaient pas les dates demandées. Quatre nouvelles datations furent alors réalisées par le LSCE sur d'autres taches noires du même panneau, toutes furent nettement plus jeunes que 30 000 BP. Les doutes de P. Pettitt et P. Bahn étaient donc tout à fait justifiés, les dates aurignaciennes du LSCE étaient fausses ; la datation de peintures préhistoriques au carbone 14 est toujours très délicate, elle nécessite un contrôle.

Ces deux exemples ibériques montrent la nécessité de faire opérer plusieurs laboratoires sur les datations des œuvres pariétales, c'est une exigence majeure pour les cas problématiques. On souhaite qu'un jour autant de professionnalisme soit appliqué à la datation de la grotte Chauvet.

3. Ignorer les dates problématiques de la grotte Chauvet

Au cours des années suivantes, quelques nouvelles datations directes ont été réalisées par le LSCE sur des nouveaux prélèvements dans la grotte Chauvet. Aucune modification dans la technique de décontamination n'ayant été signalée, c'est donc la même méthode, contestée, qui a été poursuivie, il était donc à peu près certain que l'on obtiendrait les mêmes résultats, à quelques exceptions près.

Quelques dates bien plus jeunes que 30 000 ans avaient cependant été publiées les premières années de recherche, il n'en fut pas tenu compte et il fut décidé pour l'avenir de n'utiliser que des dates les plus anciennes. Cela a été dit dans une conférence en 2003 à Lyon et repris dans le compte rendu de 2005, au sujet d'une datation sur un tracé de Mammouth dans le panneau du Rhinocéros dont le résultat n'était pas encore connu : *Des conclusions ne pourraient être rendues qu'à condition de cibler des datations dans la phase ancienne, dans le cas où l'échantillon déjà en notre possession donnerait une date correspondant à nos attentes*[97]. Il y a donc un présupposé des résultats qui n'a rien à voir avec la déontologie scientifique, qui explique pourquoi l'équipe ne tient aucunement compte des dates de 22 800 BP (2 g. Ly-6879) et 24 240 (1g. Ly-9381) salle du fond, 24770 (Ly-118/Oxa) sous le renne du panneau de la Salle Hillaire. Ces dates n'ont pas été obtenues par le LSCE. Elles sont pourtant cohérentes avec le style de nombreux dessins.

Il en est de même pour la date 21 822 BP d'un morceau de charbon de bois se trouvant emprisonné sous la stalagmite Chau3[98], et celle du Cheval 20 790 BP qu'ils rejettent parce qu'ils la jugent trop récente mais en réalité les mesures montrent au contraire qu'elle est fausse car trop ancienne (aspect technique que nous verrons page 113). Toutes ces dates rejetées sont compatibles avec le style de nombreux dessins et avec l'environnement archéologique en Ardèche et toute autre équipe de recherche les auraient considérées comme valables.

Plus aucune nouvelle date obtenue après 2003 qui ne satisfaisait pas à leur critère d'ancienneté n'a été publiée. P. Pettitt et P. Bahn demandaient qu'ils publient les dates rejetées, car le rejet d'une date est une affaire d'interprétation qui mérite

---

[97] Collectif 1 2005 : 154.
[98] Collectif 1 2005 : 54.

que l'on en connaisse les raisons. Peine perdue, ils n'en a jamais été tenu compte.

4. **Des puissants relais médiatiques**

Jean Clottes, qui avait été nommé Conservateur général du Patrimoine devint un personnage incontournable. Tout en dirigeant les travaux dans la grotte Chauvet, il cumulait son poste élevé au Ministère avec la direction de collections sur la préhistoire dans les deux maisons d'édition qui publient des livres en français sur les grottes ornées et la fonction de conseiller dans à peu près toutes les revues traitant l'archéologie préhistorique. Il était en outre l'auteur du site Internet du Ministère de la Culture consacré à la grotte Chauvet qui constituait pour la majorité du public la principale source d'information, considérée comme officielle puisqu'elle provenait du Ministère. Tous ceux qui désirent des informations sur cette grotte ne peuvent disposer que des reportages, publications, livres et revues, émanant de Jean Clottes ou contrôlées par lui-même. La presse généraliste y trouve toutes ses sources et diffuse donc la même version, la sienne exclusivement. Il devint très médiatique, mais est loin de faire l'unanimité des spécialistes, comme on l'a vu.

Le site internet du ministère ne cite que l'interprétation de son équipe, mais ignore les avis des archéologues qui sont pourtant des chercheurs reconnus compétents rigoureux et honnêtes. Dans la rubrique « autres regards » de ce site, on y trouve les avis de penseurs certainement d'une très haute valeur, mais qui ne sont pas des scientifiques de la datation: Miquel

Barceló, Vincent Corpet, Régis Debray, Roger Lombardot, Pierre Peju, Giuseppe Penone, Ernest Pignon, tous très connus forcément.

Tout paraissait crédible avec les visites médiatisées d'acteurs comme madame Deneuve, de financier comme Marc Ladreit de Lacharrière Président de l'association des Amis de la Grotte Chauvet Pont d'Arc avec le Crédit agricole, de ministres, tous rompus à la communication.

Que la presse informe le public des communications de l'équipe officielle, quoi de plus normal ; il est moins compréhensible qu'elle n'a quasiment jamais présenté les positions des spécialistes qui ont un avis différent. Un seul dans les media l'a fait: il s'agit de Franck Ferrand qui a permis à J. Combier, P. Bahn et G. Jouve de s'exprimer sur la datation de la grotte Chauvet dans les ondes de la radio *Europe1*.

5. La caution des grandes institutions

Le dossier est si bien diffusé que toutes les autorités vont faire la promotion d'une découverte aussi importante. Voici un exemple parmi d'autres, pris dans la presse régionale :

> « *Avec François Jacquart, l'Ardèche vraiment à Gauche. Jeudi 8 décembre 2011, Grotte Chauvet Lancement de l'association des amis pour la mise en valeur de la cavité ornée du Sud-Ardèche*

En arrière-plan, la tour Eiffel scintille et éclaire le musée du Quai Branly, à Paris. Un écrin de prestige pour la grotte Chauvet, décrit le plus souvent comme joyau de l'humanité. C'est dans ce cadre que l'association des amis pour la mise en valeur de la grotte Chauvet est lancée, mardi soir (06 décembre 2011). Son président est le milliardaire ardéchois, Marc Ladreit de Lacharrière, président de Fimalac. Un groupe qui réalise un chiffre d'affaires de plus de 600 millions d'euros.

Marc Ladreit de Lacharrière entouré du journaliste politique Jean-Pierre Elkabbach, du préfet de l'Ardèche Dominique Lacroix, du président du conseil régional Jean-Jack Queyranne et du président du conseil général de l'Ardèche Pascal Terrasse. L'élu ardéchois Hervé Saulignac était aussi présent.

‘’Il faut que nous puissions participer au rayonnement de la grotte au niveau national et international’’, confie-t-il. ‘’Rayonnement ‘’, c'est le maître mot servi, ce soir-là, sur un plateau d'argent par des personnalités politiques, économiques et culturelles. En particulier par des Ardéchois, de Jean-Paul Chifflet, directeur général du Crédit Agricole, au dirigeant de Lafarge en passant par l'essayiste Nicolas Baverez. Si tous ne sont pas venus à cette soirée, animée par le journaliste politique Jean-Pierre Elkabbach («venu à titre personnel »), ils font partie du comité d'honneur de l'association. Cette structure doit aider à promouvoir la candidature de la grotte Chauvet auprès de l'État pour que celui-ci la présente à l'Unesco. Des colloques et des conférences devraient être ensuite organisés. Notamment pour mieux faire connaître l'espace de restitution, dont l'ouverture est prévue en 2014: ’’il est important que le public puisse découvrir les œuvres des artistes qui ont découvert 36 000 ans avant notre ère la 3D et ont inventé la perspective ‘’, souligne Marc Ladreit de Lacharrière. Cette soirée ne peut que donner le sourire à

Kléber Rossillon, gestionnaire du futur espace de restitution. Car la priorité, selon lui, est de miser sur le rayonnement international : " L'enjeu est que la grotte Chauvet soit connue dans le monde entier, que les images circulent partout. "

De son côté, François Jacquart, conseiller régional (PCF) et vice-président du syndicat mixte, reste plus perplexe sur la manifestation: "On n'est pas du même monde" Et quand on lui parle de l'implication du milliardaire, qui contrôle l'agence de notation Fitch, l'élu communiste prend le parti de l'humour : " La grotte Chauvet mérite en tout cas un triple A." » Robin Charbonnier – Le Dauphiné.

L'UNESCO

« Un hélicoptère surgit. Le village perché de Coux sort de sa torpeur. À bord, François Fillon, Premier ministre, accompagné de son épouse Pénélope et de la directrice de l'Unesco, Irina Bokova. Au menu de ce 3 mars 2012, un déjeuner chez Marc Ladreit de Lacharrière et, surtout, une visite de la grotte Chauvet. »[99]

Un document avait été préparé et diffusé par la délégation permanente de la France auprès de l'UNESCO en date du 29/06/2007, comme dossier de candidature de la grotte à la liste du patrimoine mondial, qui l'accepta. On pouvait lire :

« Plus de 420 figurations ont été observées, et leur datation permet de les attribuer à la première civilisation d'Homo Sapiens

---

[99] R. Charbonnier. La Dauphiné. 30/11 2016.

en Europe, l'Aurignacien. Cette culture n'était connue dans le domaine de l'art pariétal que par des dessins assez frustres : or les œuvres de la grotte Chauvet-Pont d'Arc présentent une qualité esthétique, un naturalisme et une recherche de relief aboutis, révolutionnant la notion de progression linéaire du talent artistique qui prévalait jusqu'à leur découverte... Enfin, dans la grotte Chauvet se trouve la représentation la plus ancienne connue à ce jour du bas d'un corps féminin...

Déclarations d'authenticité et/ou d'intégrité

Les datations au carbone 14 d'échantillons pris sur deux rhinocéros et un bison tracés au charbon ont donné un résultat compris entre 30 340 et 32 410 avant le présent ; compte tenu des marges statistiques, cela signifie que ces peintures ont été faites à une date très ancienne, autour de 31 000 ans avant le présent, dans un intervalle de 1300 ans.

La datation (26 120±400) d'un mouchage de torche superposé à la calcite couvrant un dessin, prouve que l'on doit écarter l'hypothèse de visiteurs solutréens ou magdaléniens qui auraient ramassé sur le sol des charbons aurignaciens et les auraient utilisés pour tracer leurs dessins plusieurs milliers d'années après le passage des premiers occupants de la caverne...

Comparaison avec des biens similaires, une singularité liée à l'ancienneté

- les représentations de Chauvet-Pont d'Arc sont les plus anciennes connues dans le monde à ce jour : pour donner une idée du «vertige temporel» qui saisit le visiteur actuel de la grotte, il faut considérer qu'autant de temps s'est écoulé entre Lascaux et nous (environ 15 000 ans) . . . qu'entre Chauvet et Lascaux (encore 15 000 ans !)

- dans la grotte Chauvet-Pont d'Arc se trouvent les plus anciennes traces laissées par un individu de notre espèce : cheminement d'un enfant et vestiges au sol (foyers, sagaie...) ;

Fin de citation »

L'Académie des sciences

L'académie des sciences organise des conférences. En 2010, plusieurs membres de l'équipe de la grotte y présentèrent leurs résultats. On pouvait lire dans la brochure de présentation :

« Convergence en paléontologie géologie archéologie datations diverses ». Nous avons signalé plus haut que : Paléontologie : l'argumentation sur les ours ne prouve pas l'Aurignacien. Géologie : la fermeture d'une seule entrée ne prouve rien. Archéologie : elle montre l'absence d'Aurignacien. Il n'y a aucune convergence vers l'Aurignacien, pourtant on soutiendra le contraire dans cette conférence.

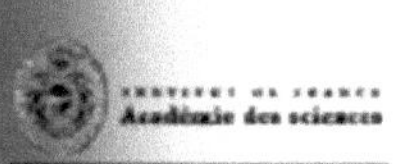

Conférence-débat

Les grottes ornées des temps glaciaires :
Analyse scientifique d'un patrimoine sensible

Mardi 19 janvier 2010

La grotte Chauvet à Vallon-Pont-d'Arc et son originalité

Jean CLOTTES, *Conservateur Général du Patrimoine (honoraire)*

La Grotte Chauvet, découverte le 18 décembre 1994 par Jean-Marie Chauvet et ses compagnons dans la vallée de l'Ardèche, près du célèbre Pont d'Arc, est en cours d'étude, depuis 1998, par une équipe scientifique multidisciplinaire, d'abord dirigée par Jean Clottes, puis par Jean-Michel Geneste.

Elle fut longuement fréquentée par les ours, dont les traces (polis et griffades des parois, empreintes, bauges) et vestiges (ossements) sont partout présents. Cela n'a pas échappé aux hommes qui déposèrent un crâne sur un rocher ou plantèrent deux humérus d'ours dans le sol.

La grotte devint vite célèbre en raison de la qualité esthétique de ses représentations et de son âge ancien. En effet, deux grandes périodes de fréquentation y furent mises en évidence, grâce à une profusion de dates radiocarbones (82 en tout), presque toutes par accélérateur. Les passages humains les plus anciens, entre 29 000 et 33 000 BP (non calibré), se situent à l'Aurignacien, et les plus récents, entre 25 000 et 27 000 BP, au Gravettien. **La convergence des résultats obtenus dans plusieurs domaines de recherche (paléontologie, géologie, archéologie, datations diverses) fait de Chauvet le site orné non seulement le plus daté mais le mieux daté au monde.**

La majorité des œuvres, d'après les dates radiocarbones directes, les conventions stylistiques et les thèmes figurés, appartient à la première période, la plus ancienne, qui a connu plusieurs incursions et phases de dessins.

Parmi les 425 figurations animales recensées, mammouths, félins, rhinocéros et ours représentent près de 70 % des espèces déterminables. Ces animaux redoutables, en général non chassés, deviendront très minoritaires dans l'art au cours des millénaires qui suivront. Les autres espèces dessinées à Chauvet sont les chevaux, les bisons, les aurochs, les bouquetins, les cerfs (dont des mégacéros), les rennes, les bœufs musqués, et d'exceptionnelles images de hibou, de panthère et peut-être de hyène.

Les thèmes humains comprennent le bas du corps d'une femme, associée à un bison à bras et main humains, plusieurs organes sexuels féminins et diverses mains rouges, positives et négatives. De multiples ponctuations de grande taille, effectuées avec la paume de la main enduite de peinture, constituent l'une des originalités de la grotte.

Les techniques utilisées sont non moins originales, avec l'usage constant de l'estompe pour modeler le relief interne des animaux, celui du détourage pour les faire ressortir, et la recherche de la perspective. La gravure, le fusain (charbons) et la peinture rouge ont été utilisés.

La qualité esthétique d'œuvres aussi anciennes a bouleversé nos conceptions sur la genèse et le développement de l'art. Le paradigme de son développement progressif à partir de débuts frustes à l'Aurignacien s'est révélé erroné. Il faut maintenant admettre que, parmi les Aurignaciens, comme chez leurs successeurs, il pouvait y avoir de grands artistes et que l'art, pendant le Paléolithique comme après, a connu nombre d'apogées et de déclins.

Contact : Académie des sciences - Institut de France
Services des séances – sandrine.chermet@academie-sciences.fr

On peut également y lire :

« Le site orné non seulement le plus daté mais le mieux daté » Il y a une profusion de dates, mais la plupart sont des répétitions de prélèvements sur une même zone du sol, sur les dessins il y a moins de dates que dans la grotte Cosquer.

« Le mieux daté ». Sans tomber dans la puérilité qui consiste à classer les grottes, on peut reconnaître que celle-ci n'est pas datée, si « dater » signifier obtenir des dates et non pas des nombres flatteurs.

CHAPITRE 5

Haute précision en 2016 ?

Son âge n'a plus de secret (Figaro 12/4/2016)

Deux années après le débat qu'avait organisé la revue L'anthropologie, et le silence des media sur les avis de la communauté scientifique, une nouvelle publication de l'équipe officielle bénéficiera, elle, d'un grand retentissement médiatique. Elle fut présentée comme la mise au point définitive de la chronologie de la grotte, il s'agit d'un article dirigé par une physicienne (et égyptologue) A. Quilès, qui reprend presque toutes les datations publiées et contestées depuis le début et en ajoute d'autres plus récentes réalisées en 2011 et 2013 qui n'avaient jamais été publiées. Le titre de l'article (écrit en anglais) peut être traduit ainsi : *Un modèle chronologique de haute précision pour la grotte ornée au Paléolithique supérieur de Chauvet-Pont d'Arc*[100]. Il conclut à la confirmation de la présence sans aucun doute de deux périodes d'activité humaine dans la grotte : de 37 000 à

[100] Quilès *et alii* 2016.

33 500 en années calibrées (c'est-à-dire 32 500 à 30 000 BP) puis de 31 000 à 28 000 ans (27 000 à 24 500 BP) et à aucune présence humaine postérieure. Il s'agit des cultures de l'Aurignacien puis du Gravettien, mais la plupart des dessins dateraient de la première période, l'Aurignacien, seuls deux dessins pourraient dater de la seconde[101] selon les dates retenues.

Si J. Clottes, professeur d'Anglais, qui fut à l'origine des premières datations n'était pas le mieux armé pour défendre les dates du carbone 14, cet article est dirigé par une physicienne qui est par conséquent tout à fait capable d'apprécier leur validité. On attendait donc avec beaucoup espoir des preuves ; cette publication étant présentée comme le point complet et définitif sur les dates, nous sommes obligés de l'examiner, au risque d'ennuyer un peu par des considérations techniques.

259 dates, 19 dessins datés directement [102]

Le nombre de dates présentées, 259, est impressionnant et risque de laisser inaperçu le choix qui a été fait : il comprend seulement 19 dessins datés directement parmi les 450 qui sont présents sur les parois. Ces dessins ou peintures ont tous été datés par le même laboratoire.

- Il est noté que les pigments de 23 dessins (page 2 de l'article) ont été prélevés pour les datations directes. Les

---

101 Ils ont exclu de leur bilan les dates directes de dessins de la seconde période : *red deer* 27 100 annexe page 5, *horse head* 24 900 page 6, *black rhinoceros* 28 170 *small sample*, page 9.

102 Dont 4 figurations anciennement datées : Rhinocéros affrontés, grand bison, mégacéros, aurochs courant, soit 9 nouvelles (Quilès *et alii* 2016, annexe).

dates de seulement 19 dessins (rejetées ou acceptées) sont indiquées dans l'article de 2016, quelles sont les dates des 5 autres ? Sont-elles magdaléniennes ou solutréennes ? Des travaux de recherche qui ont bénéficié d'autant de crédits pour obtenir 259 dates ont abouti à la publication d'un nombre très réduit de dates directes, moins que dans d'autres grottes qui pourtant ne renferment pas autant de dessins.

- Le Panneau de la Salle du Fond représente de nombreux animaux, il est du plus grand intérêt artistique et archéologique par sa composition (on le présente comme une scène de chasse, ce qui serait unique dans l'art du Paléolithique), il utilise des procédés de style très particuliers (les deux yeux des lions représentés sur le côté, à la manière de Picasso), une succession inusitée de félins, de bisons, de rhinocéros. Il n'est pas imaginable que des archéologues aient exclu ce panneau des datations. Aucune date n'en a été publiée, alors que ce panneau a utilisé beaucoup de charbon de bois. Des dates gênantes auraient-elles été obtenues ?

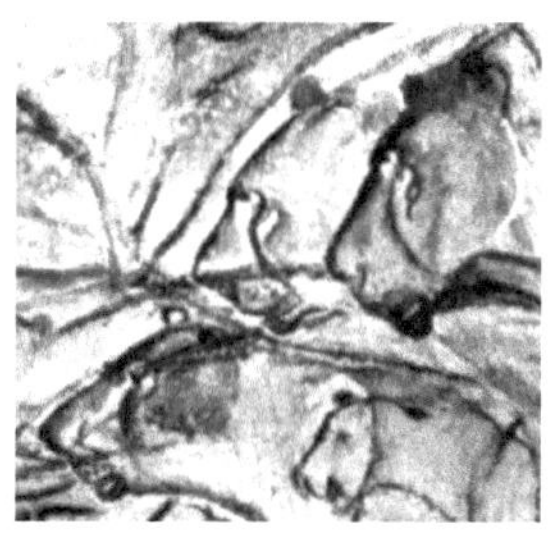

Yeux des félins hors perspective.

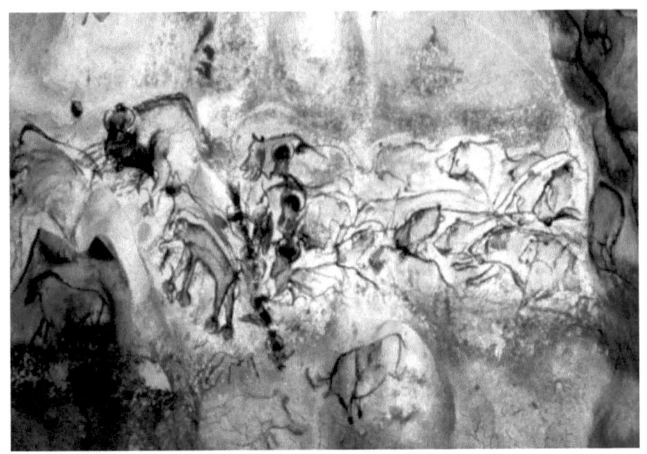

Grand panneau, salle du Fond (SRA Rhône-Alpes).

- L'article est bien obligé de fournir la date d'un charbon de bois du sol de la salle du Fond (Ly-6879) de 22 750 BP, puisqu'elle avait été publié dès l'origine ; comme cette date est plus jeune que les périodes de la conclusion, il la rejette « rejected from the modeling » mais sans justification.
- La date 21 822 BP d'un charbon emprisonné sous la stalagmite chau3[103] que nous avons signalée plus haut n'est pas reprise (la stalagmite a été datée à l'Uranium – Thorium). S'ils avaient tenu compte des quatre dates que nous venons de rappeler, ils auraient été obligés de reconnaître qu'il y a eu présence humaine vers 22 000 BP (correspondant au Solutréen, comme le témoigne le style de beaucoup de dessins dans cette grotte).

---

103 Collectif 1 2005.

- La date d'un tracé représentant le profil d'un mammouth dans la photographie ci-dessous, qui avait été publiée en 2011 de 26 340 ± 330 BP (GifA 101468)[104], date appartenant au Gravettien, est vieillie de 3000 ans dans cet article de 2016, elle devient 29 300 ± 1 300 BP (page 4 de l'annexe). Cela sans explication.

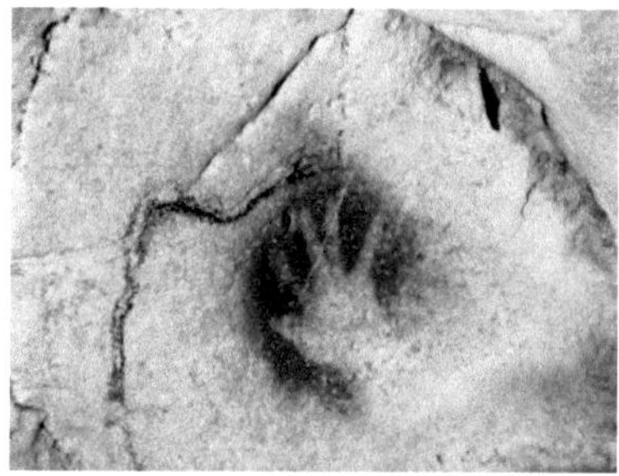

(SRA Rhône-Alpes)

Les mains négatives sont souvent considérées comme typiques du Gravettien, ici une main rouge est superposée.

- L'article ne cite pas les deux dates d'os d'ours obtenues par le laboratoire de datation de Lyon : 24 590 ± 190 BP (Ly235) et 25 000 ± 165 BP (Ly1434-oxa). Elles ne proviennent pas du LSCE, cet article est signé par 12 personnes, mais aucune ne semble appartenir à ce laboratoire de Lyon. Cela leur permet d'assurer que les dessins d'ours ne sont pas plus récents que 29 000 BP.

---

104 Feruglio, V., Aujoulat, N., Jaubert, J., 2011. L'art pariétal gravettien, ce qu'il révèle de la société en complément de la culture matérielle. Table ronde sur le Gravettien. Aix-en-Provence, 2008. Mémoire LII de la S. Préhistorique Française, page 252.

Ces quelques exemples montrent que les dates qui correspondent au style de nombreux dessins et à l'environnement archéologique de la grotte ont encore été éliminées, sans raison avouée. Ce n'est pas acceptable. Nous n'en sommes pas étonnés, puisque cela avait été annoncé en 2003 lors de la conférence à Lyon, de ne plus retenir les dates qui n'appartiendraient pas à la phase ancienne[105]. En effet, depuis lors, aucune date « non ancienne » n'a été publiée et celles qui avaient déjà publiées ne sont pas utilisées. Sauf à être naïf, il nous parait légitime de supposer qu'il existe d'autres dates « non anciennes » non publiées. Des indiscrétions émanant de certains membres de l'équipe sont arrivées à nos oreilles, parlant de dates du Magdalénien.

Les problèmes de la décontamination

La décontamination des échantillons est une opération préalable très importante pour obtenir la date juste. Une décontamination non réussie aboutit tout simplement à un résultat qui n'est pas la date. Par quels contrôles peut-on apprécier la fiabilité des dates produites ?

Le contrôle par la fraction humique

Le traitement de décontamination était du type ABA (acide base acide dit aussi AAA acide alcalin acide). Ce procédé qui n'a pas été spécifiquement mis au point pour les contaminants des grottes exige une vérification sérieuse. Il s'agit de contaminants se développant au contact de l'air. Le seul

---

105 Collectif 1 2005, p 153-154.

critère présenté dans l'article pour valider les dates est la comparaison entre la date de la dernière fraction qui a été éliminée, dite *humique*, et la date de l'échantillon restant dit *fraction charbon*.

Un peu de précision sur ce critère est nécessaire. La deuxième étape (B) du procédé de décontamination élimine les contaminants qui sont solubles dans un réactif alcalin, cette partie éliminée appelée *fraction humique* contient des contaminants mais aussi en proportion plus ou moins grande du charbon de bois dissout, le reste appelé *fraction charbon* contient tout ce qui n'est pas soluble dans le réactif alcalin, c'est-à-dire le reste du charbon de bois mais aussi éventuellement les contaminants réfractaires, c'est sa date que l'on retient en général. Selon l'équipe officielle, s'il y a égalité entre la date de la fraction humique et celle de la fraction charbon, la mesure est valide. En réalité ce critère n'est plus guère utilisé, car il indique seulement que les deux fractions ont alors la même composition. Mais elles peuvent être composées d'un mélange de charbon et de contaminants ou même uniquement de contaminant. Si l'égalité des dates est une condition nécessaire, elle n'est pas suffisante pour que l'on puisse affirmer que la décontamination est réussie. Néanmoins, essayons de l'utiliser correctement :

L'article indique que les dates de 22 échantillons sont validées[106] selon cette égalité (c'est tout de même peu pour 259 dates publiées). Mais il faut tenir compte de la plage d'incertitude sur les résultats des dates qui peut être grande, comme le montre le tableau suivant.

Les segments d'incertitudes (figure page suivante) montrent qu'il y a deux cas où l'on peut conclure à l'égalité des deux dates avec une précision de 200 ans environ :

Il s'agit de l'échantillon GC-12-11 (GifA 13033 SacA 32). La date obtenue est 26 230 ± 230 BP, mesurée sur du charbon amorphe provenant du panneau des Rennes[107] dans la salle Hillaire. Cette date serait confirmée par ce critère (à 230 ans près), mais elle n'est pas aurignacienne. Et aussi GC 12-19 (GifA 13103 SacA 33481) de 26 400 ± 240 BP[108]. Aucune de ces dates n'est aurignacienne, elles sont gravettiennes et elles ne proviennent pas de *d*essins.

Deux autres dates pourraient coïncider avec environ 500 ans d'incertitude, mais les autres ont des écarts trop importants. Il n'y a pas 22 échantillons validés, mais au mieux 4 sur les 259 dates.

---

106 The dates of the humic fractions of 22 samples (16 drawings and six charcoal marks) concur with the dates of the associated purified charcoal fractions, showing that these charcoal specimens were not contaminated.

107 Annexe de l'article Quilès *et alii* 2016, page 6.

108 Annexe de l'article Quilès *et alii* 2016, page 9.

Phase Galerie du Cierge
Phase Mouchage torche VPA 1b
R_Date mouchage torche VPA 1 b
R_Date mouchage torche VPA 1 b
Phase GC-09-19
R_Date GC-09-19_
R_Date GC-09-19_
Phase Salle Hilaire
Phase aurochs courant (SAA2 Vache)
R_Date aurochs courant (SAA2 Vache)_
R_Date aurochs courant (SAA2 Vache)_
Phase GC-12-12
R_Date GC-12-12_
R_Date GC-12-12_
Phase VPA Cheval
R_Date VPA Cheval_
R_Date VPA Cheval_
Phase GC-12-11
R_Date GC-12-11_
R_Date GC-12-11_
Phase Salle du crane
Phase GC-12-17
R_Date GC-12-17_
R_Date GC-12-17_
Phase Galerie des Megaceros
Phase GC-09-21
R_Date GC-09-21_
R_Date GC-09-21_
Phase GC-12-08
R_Date GC-12-08_
R_Date GC-12-08_
Phase GC-12-09
R_Date GC-12-09
R_Date GC-12-09
Phase GC-12-10
R_Date GC-12-10
R_Date GC-12-10
Phase GC-12-14
R_Date GC-12-14
R_Date GC-12-14
Phase GC-12-15
R_Date GC-12-15_
R_Date GC-12-15_
Phase GC-12-16
R_Date GC-12-16
R_Date GC-12-16
Phase Salle du fond
Phase Grand bison VPA9
R_Date grand bison (VPA9)_
R_Date grand bison (VPA9)_
Phase GC-12-18
R_Date GC-12-18
R_Date GC-12-18
Phase GC-12-19
R_Date GC-12-19_
R_Date GC-12-19
Phase GC-12-20
R_Date GC-12-20_
R_Date GC-12-20
Phase GC-12-22
R_Date GC-12-22_
R_Date GC-12-22
Phase GC-14-A
R_Date GC-14-A_
R_Date GC-14-A_

50000 45000 40000 35000 30000 25000

Calibrated date (calBP)

(Quilès *et alii* 2016 Annexe)

Le Cheval 2, Panneau des Chevaux (figure, page 64), date solutréenne

La date de la fraction charbon du cheval n°2 est 20 790 BP, la date de sa fraction humique correspondante est 29 670 BP[109], elles ont été obtenue en 1998 ; la date de la fraction charbon est rejetée à juste titre à cause de son très grand écart avec celle de la fraction humique, la décontamination n'est sans doute pas achevée. Mais ces dates fournissent aussi une indication importante que l'on aurait tort d'ignorer : la date humique plus ancienne montre la présence de contaminants plus anciens que la date de la fraction charbon et on peut en déduire que ceux qui restent non éliminés ont vieilli la date fraction charbon obtenue à 20 790 BP. Il faut en conclure que la date réelle du charbon de bois pur est notablement plus jeune que 20 790 BP, probablement de la fin du Solutréen, comme à Lascaux et c'est d'ailleurs ce que révèle le style de ce dessin. C'est exactement le raisonnement que faisait J. Clottes en 1994 [110] pour une autre grotte où il indiquait au sujet de l'interprétation d'un confrère que la date charbon était inexacte car déplacée dans le sens de la date humique.

Un autre prélèvement fut réalisé sur la peinture du même cheval et daté quelques années plus tard en 2013, le résultat est donné dans l'annexe de l'article : (GifA 13034 SacA 32533) 31 950 ± 460 BP. La déviation isotopique δ13C = -18 ± 3 ‰ est tellement éloignée de la signature du carbone dans le charbon de

[109] Quilès *et alii* 2016 : annexe page 5.
[110] Clottes 1994 : 63.

bois[111] qu'elle indique qu'elle porte sur peu ou pas de charbon de bois avec une proportion importante de carbone provenant de contaminants - calcaire ou os - qui ne peuvent que vieillir la date. Au contraire de la datation de 1998, il semble que le traitement de décontamination dans ce dernier cas a été beaucoup trop fort[112]. Ce dessin de cheval n'est pas plus ancien que le Solutréen final, probablement vers 18 000 BP, ce que suggère la comparaison avec les chevaux des grottes des grottes de Lascaux et Cosquer.

Deux programmes de comparaison pour des charbons provenant d'une même origine

L'article de Quilès et *alii* cite (sa page 1) des programmes de comparaison[113]. Il s'agissait de datations réalisées sur des charbons que l'équipe officielle avait elle-même choisis sur le sol de la Galerie des Mégacéros et distribués à une dizaine de laboratoires et dont les résultats furent publiés à partir de 2007. Le but était de montrer que les datations des dessins par le LSCE étaient justes et que ces *dessins* proviennent donc de l'Aurignacien. Pour cela, il aurait fallu réaliser un programme de comparaison sur des datations directes de dessin, c'était la demande de P. Pettittt et P. Bahn, et c'était tout à fait réalisable puisqu'ils ont à nouveau fait dater, mais encore par le LSCE, et publié des prélèvements sur 9 nouveaux dessins (de 2011 à

---

111 vaut environ -27 ‰.

112 Les deux fractions ont la même date, ce qui correspond dans les deux cas au contaminant.

113 Cuzange et *alii* 2007 ; Quilès et *alii* 2014.

2014). Pourquoi n'ont-ils pas été réalisés par les laboratoires des programmes de comparaison ? Mystère.

Des charbons recueillis sur le sol de la galerie de Mégacéros, avaient déjà été datés par le LSCE en 1999 et les résultats publiés. Les laboratoires des deux programmes de comparaison reprenaient des datations, pas en aveugle, sur des charbons qui leur ont été fourni, qu'ils n'ont donc pas sélectionné sur place[114]. Si les dates aurignaciennes des programmes de comparaison étaient justes – ce que nous contestons absolument, nous justifierons cela dans la suite – elles ne suffiraient pas à prouver l'absence de peintures plus récentes. Cette affirmation « this agrement shows that the intercomparison results are representative of all other cave floor charcoal sample »[115] est totalement injustifiée. Pour que les dates obtenues fussent représentatives de tous les charbons sur le sol, il eut fallu au moins montrer que les dates plus jeunes que 30 000 (toutes mesurées sur des charbons tombés sur le sol *au-dessous des dessins* contrairement à ceux du programme de comparaison qui correspondent à des charbons dispersés sur le sol) étaient fausses. Il aurait été capital de les faire dater par ces laboratoires, puisqu'elles ont au moins un lien topographique avec des dessins. Rappelons qu'il s'agit des prélèvements datés[116] au tout début dont ils n'ont jamais tenu compte : dans la même galerie des Mégacéros, sous le cheval à double crinière, charbon 29 000

---

[114] Il s'agit de charbons brisés en plusieurs parties afin d'en distribuer les fragments aux laboratoires. On ne sait si on leur a livré des fragments de surface ou du centre.

[115] Quilès *et alii* 2016 : 4. « Cet accord montre que les résultats de l'intercomparaison sont représentatifs de tous les autres échantillons de charbon de bois du sol ».

[116] Clottes *et alii* 2005.

± 400 BP (Ly-6878) ; sous les rennes du Grand panneau des chevaux 24 770 ± 780 BP (Ly-118/Oxa) ; sur le sol de la salle du Fond qui possède de nombreuses peintures date 22 800 ± 400 BP (Ly-6879). Ces dates, qui n'ont d'ailleurs pas été obtenues par le LSCE et qui contredisent la thèse officielle, permettent peut-être de comprendre pourquoi aucun prélèvement de peinture n'a été fourni aux programmes de comparaison et que les laboratoires n'ont pas pu choisir eux-mêmes les échantillons.

Valeurs δ13C contradictoires provenant des charbons recueillis dans la Galerie des Mégacéros

Nous avons évoqué l'utilisation de la déviation isotopique δ13C qui exprime la concentration en isotope stable 13 du carbone à l'occasion de la vérification des datations de la grotte de Candamo. Les valeurs mesurées pour la grotte Chauvet n'avaient jamais été publiées, ce qui était justifié, car l'équipe du LSCE conteste son utilisation et nous ne cherchons pas maintenant à débattre de la validité de cette méthode, nous voulons simplement montrer un curieux procédé qui apparait dans la publication de 2016 :

Les valeurs δ13C obtenues dans le programme de comparaison furent publiées en 2007. Ces valeurs se groupaient autour d'une moyenne valant environ -23 ‰, et nous avions publié que cela montrait que la décontamination du charbon de bois n'était pas réussie[117].

[117] Combier et Jouve 2014.

Quelques années auparavant, des charbons de bois de même origine, c'est à dire ramassés uniformément sur le sol de la même Galerie[118] des Magacéros, avaient été datés en 1999 par le LSCE sans qu'ils publient les valeurs δ13C, exactement comme pour les échantillons de Candamo datés à la même époque. Le responsable des travaux de Candamo l'avait regretté dans ces termes : « De toute évidence, il aurait été extrêmement important de connaître la valeur δ13C des deux parties d'échantillon datés de CAN-12, mais cette mesure n'a pas été spécifiquement effectuée dans l'accélérateur et la valeur disponible ne signifie pas plus qu'une simple estimation compatible selon le laboratoire avec l'os et le charbon de bois.[119] ». Résumons : les valeurs mesurées en 1999 n'ont pas été publiées, car ce n'était qu'une estimation grossière qui ne permettait pas de différencier -21 (une signature isotopique d'os) de -27 (pour le charbon de bois).

Dix-sept ans plus tard, dans l'article de 2016 on peut lire les anciennes valeurs qui n'avaient pas été publiées en leur temps, elles sont précises et cohérentes (la plupart se situent entre -26 et -28 ‰), ce sont exactement les valeurs que nous indiquions comme signature des charbons de bois purs, mais elles sont parfaitement incompatibles avec celles du programme de comparaison alors qu'elles proviennent du même échantillonnage[120]. Ces anciennes valeurs nouvellement publiées

---

[118] « sampled unifromly throughout the cave to obtain a statistically » signifiant chronological record, Quilès 2016 page 2.
[119] Fortea Pérez 2001 page 198.

[120] Megaloceros gallery ashy zone, Quilès 2016, annexe page 8.

ont une moyenne de -27,5 ‰, ce qui est aussi très voisin des valeurs obtenues avec succès par Geochron à Candamo[121].

Il y a deux contradictions :

1) – lors des datations de 1999 il était dit impossible d'obtenir des valeurs précises, c'est pourquoi elles n'avaient pas été publiées, maintenant en 2016 on écrit ces mêmes valeurs qui sont précises, les écarts ne sont que de ± 1 ‰ alors que la précision qu'ils indiquent dans leurs publications est de 3 ‰.

2) - Les programmes de comparaison obtiennent des valeurs très différentes allant de -22 à -24 ‰ pour le même échantillonnage, elles sont incompatibles avec celles qui sont publiées en 2016 pour des échantillons de même origine en 1999[122].

Les résultats δ13C qui font foi sont évidemment ceux des programmes de comparaison, ils avaient ce but et ils sont montrés comme tels. Ils contredisent ceux qui sont post-publiés en 2016 pour les datations de 1999.

Pourquoi les programmes de comparaison n'ont pas obtenu la signature isotopique du charbon de bois pur ?

Les laboratoires des programmes de comparaison ont utilisé le procédé de décontamination ABA et ABOX[123]. Par une

---

121 -27,0 et -27,2 (Geochron à Candamo).
122 L'année de réalisation de datation est lisible sur la référence Gif.
123 Le procédé ABOX est le plus énergique.

étude spectroscopique microscopique et chimique, Rebollo et alii ont montré en 2008 que le caractère alcalin des eaux des grottes karstiques[124] fragilise considérablement les charbons de bois, et qu'une part très importante du charbon de bois est dissoute[125] par le traitement standard de décontamination ABA. Mais certains contaminants peuvent ne pas être dissouts (en particulier ceux qui sont d'origine bactérienne). Le résultat peut être un résidu dans lequel les contaminants sont majoritaires et la déviation isotopique se rapproche alors de la signature du contaminant réfractaire majoritaire, différent de celle du charbon de bois. Le problème dans la grotte Chauvet est que les contaminants vieillissent fortement les dates.

Les dates obtenues par les programmes de comparaison se répartissent de 28 780 ± 180 BP à 33 580 ± 1 000 BP, ou une plage s'étendant de 28 420 BP à 34 580 BP si on tient compte d'une incertitude de 2σ[126] (comme le fait l'étude statistique de la publication de 2016), soit une amplitude de 6 000 ans (c'est à dire 20 % de la moyenne des dates), sur les mêmes échantillons[127]. Cela illustre les difficultés dans la réalisation de la décontamination. Si ces charbons de bois datés proviennent du Solutréen (vers 20 000 BP comme l'indiquent de nombreux

---

[124] Rendu alcalin par le processus de dissolution du calcaire avec en plus dans cette grotte une présence de phosphates sur les sols : « La colonisation de la cavité est surtout assurée par les chauves-souris à l'origine de phosphates teintant les sols en gris » http://archeologie.culture.fr/chauvet/fr/salle-hillaire/notice/evolution-grotte

[125] Des oxydations créent des groupes carboxyliques qui augmentent la solubilité du charbon de bois dans la solution alcaline B de ABA (Rebollo et *alii* 2008).

[126] Pour 95% de probabilités.

[127] Chaque échantillon a été fractionné et les parts distribuées aux laboratoires des programmes de comparaison.

dessins), alors les contaminants résiduels anciens auraient vieilli l'âge de plus de 10 000 ans, un calcul d'ordre de grandeur montre qu'ils seraient en proportion d'au moins 35 %. Cela est possible par des contaminants n'ayant que très peu ou pas de carbone 14 et très difficiles à éliminer, ils ont été mis en évidence sur le sol de la galerie : des bactéries assimilant du calcaire[128], mais probablement aussi d'autres liées à la décomposition des os, ce qui ne se produit que dans les grottes et un traitement ABA n'est pas adapté à leur élimination. Les laboratoires ayant travaillé pour ces programmes de comparaison n'avaient peut-être pas d'expérience sur des échantillons contaminés de cette manière. Nous n'avons aucune indication sur la force des traitements appliqués. Nous savons seulement que ceux du LSCE étaient très forts : pour les pigments, ils dissolvent plus de 90 % de l'échantillon et ils sont « beaucoup plus agressifs »[129] pour les gros charbons du genre de ceux du programme de comparaison. Les seuls laboratoires dont les datations d'œuvres pariétales ont été confirmées et contrôlées n'ont pas été sollicités : Geochron avait l'expérience de ces travaux dans les grottes de Candamo et El Conde. Le laboratoire Beta-Analytic a aussi prouvé son succès dans la grotte de Tito Bustillo[130] (page 189). Ce sont les seuls à notre connaissance qui avaient effectué des datations directes de dessins dans des grottes qui avaient d'abord été datées par le LSCE, il s'agissait alors de véritables datations comparatives de

---

[128] Brunet A. 1997. R1029A 1996..Rapport LRMH No 10 : rapport montrant la présence de bactéries se nourrissant de calcaire sur le sol de la galerie des Mégacéros. Sur ce sol, parmi les charbons dispersés se trouvaient des os d'ours datés de 30 000 à 31 000 BP. Aussi le moonmilk (roche transformée par les bactéries) sur les parois.

[129] Collectif 1 : 110.

[130] Voir annexe 1.

dessins, qui n'avaient pas confirmé celles du LSCE. Ces laboratoires (mais aussi d'autres probablement) auraient bien su dater directement des peintures de la grotte Chauvet en adaptant le traitement de décontamination aux types de contaminants. C'est ce qui avait été demandé mais cela n'a jamais été fait.

Utilisation de δ13C par le LSCE

La mesure de la déviation isotopique δ13C ne peut fournir des informations sur l'origine du carbone qu'à la condition d'être réalisées avec une précision suffisante, ± 0,2 ou 0,3 ‰, ce que font plusieurs laboratoires. Le LSCE n'utilise pas cette mesure pour ce contrôle, il ne le pourrait pas, car la précision qu'il indique est seulement de ± 3 ‰[131] ce qui est largement insuffisant : cette imprécision de 3‰ ne permet pas de distinguer – 24 de – 21 ‰ qui correspondrait à un collagène d'os, ni – 24 de – 27 ‰ qui correspondrait au charbon de bois. La plupart des résultats publiées dans l'article de Quilès et *alii* vont de – 22 à – 27 ‰., ils sont donc inutilisables pour contrôler des dates[132], on est bien d'accord avec eux sur ce point.

Cette publication de 2016 indique aussi qu'ils utilisent les valeurs de δ13C *pour la correction de fractionnement en suivant la convention internationale*[133]. C'est une correction qui suit une

---

[131] Corchón *et alii* 2014. Quilès A. et *alii.* 2014.

[132] Il y a aussi une dizaine de valeurs aberrantes comme – 11 -15 – 17 – 18 – 33 – 41 ‰, ce qui montre soit que l'imprécision indiquée à ± 3 ‰ est soit largement sous-estimée, soit que la décontamination a totalement échoué-pourtant les dates correspondantes n'ont pas été éliminées.

[133] Quilès *et alii* 2016, page 3.

convention ancienne ayant pour but d'éliminer des variations de concentrations en Carbone 14 qui seraient dues à des fractionnements isotopiques au cours de réactions chimiques et non pas dues à la décroissance radioactive au cours du temps. Ce serait sans rapport avec la date. Cette convention utilise les mesures sur l'isotope 13[134], elle en déduit une correction en années d'après l'écart entre la valeur δ13C obtenue et une valeur conventionnelle égale à – 25 ‰. Or la plupart des mesures présentées pour la grotte Chauvet sont comprises entre – 22 et – 27 ‰. Compte tenu de l'imprécision de ± 3 ‰, ces résultats peuvent tous conduire à une correction nulle (-22 – 3 = -25 ou - 27 + 2 = - 25), puisqu'on ne connait que le maximum de l'erreur. En conséquence les valeurs fournies par le LSCE sont totalement inutilisables pour le calcul de la correction, qu'ils disent effectuer.

Dates indépendantes

L'article de Quilès *et alii* (page 4) ajoute que « la stratégie de datation pour l'étude de la grotte Chauvet-Pont d'Arc n'est pas seulement validée par des analyses au radiocarbone », mais aussi par la datation de la fermeture de la paléo-entrée, la datation par Uranium-Thorium des concrétions (stalagmites), la datation par Thermo Luminescence (TL) des roches brûlées, les ours : « C'est actuellement de loin le site européen datés par le plus grand nombre de dates indépendantes obtenues par

---

[134] Le fractionnement de l'isotope 14 par rapport au 12 est le double de celui du 13 par rapport au 12, lors des réactions chimiques.

différentes méthodes »[135] Retenons les termes « dates indépendantes ».

A. Quilès, qui avait également signé un article relatif à la des parois brûlées, ne pouvait ignorer que pour obtenir la date sur la roche par thermoluminescence, il faut connaitre la date de la fermeture totale de la grotte. Ils ont estimée être celle qu'ils ont mesurées sur l'effondrement de la falaise « The final TL ages are dependant on the date of closure of the cave »[136]. Comment peut-on alors parler de dates indépendantes ? Comme il existait à l'évidence au Paléolithique d'autres entrées dans la grotte après l'éboulement, la date de fermeture de la grotte est actuellement inconnue et par suite les dates obtenues par TL n'ont aucune fiabilité.

Les stalagmites recouvrant des charbons apporteraient des confirmations : nous avons rappelé qu'ils n'ont pas cité la date d'un charbon de bois de 21 822 ± 130 BP, dans la Galerie des Mégacéros, recouvert par la stalagmite 3[137]. Cette stalagmite dont la base a été datée de 15 000 ans l'a isolé pendant les quinze derniers millénaires des contaminants qui ont donné aux autres charbons de bois de cette galerie des dates de plus de 30 000 ans. Elle infirme et non confirme la fermeture de la grotte vers 20 000 BP.

---

[135] Quilès *et alii* 2016 : 2.

[136] Guibert *et alii* 2014.

[137] Collectif 1 2005 : 54. Chau 3 daté 14 695 à 13 231 U-Th.

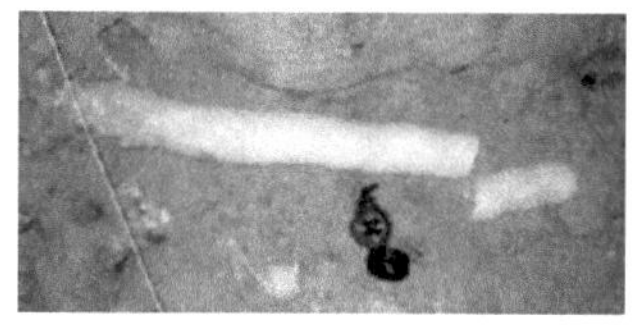

La stalagmite 6 (photo ci-contre) a été « trouvée cassée en bordure du cheminement » dans la Galerie des Croisillons. Comme il n'y a pas d'éboulement signalé à proximité, on doit en déduire qu'elle a été brisée par des hommes ou le passage d'un gros animal tâtonnant dans l'obscurité. Il n'est pas exclu que ce soit le bouquetin dont les empreintes ont été relevées par M.-A. Garcia dans cette galerie, qui affolé dans l'obscurité aurait brisé cette stalagmite avant de quitter la grotte. Si la datation du haut de la stalagmite obtenue à 11 498 années U-Th[138] est juste, l'accès à la seconde partie de la grotte était possible jusqu'à cette date.

« Une approche multidisciplinaire intégrée a été développée pour définir un cadre commun aux activités humaines et animales » (Quiles *et alii* page 5). Il aurait fallu en donner le vrai bilan et nous pouvons le faire : l'accès à la seconde partie de la grotte a été utilisé par des ours au moins jusqu'à 24 590 BP, par des hommes au moins jusqu'à 21 822, par des hommes ou des animaux jusqu'à il y a 11 498 ans.

[138] Collectif 1 2005 : 54, 58.

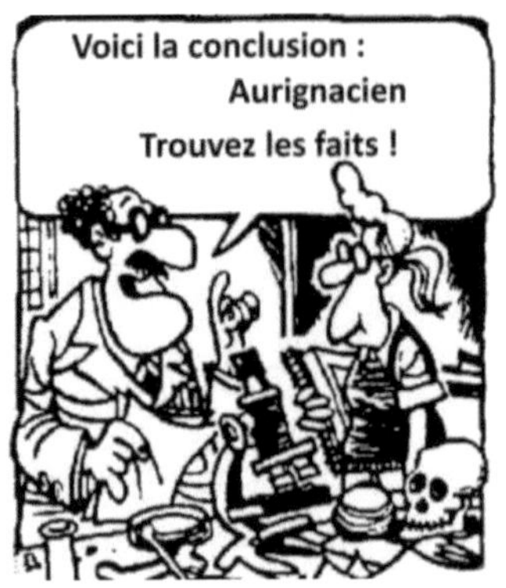

Le moins

Il est bien dommage que le directeur de l'équipe de recherche depuis 14 ans, J.-M. Geneste, n'ait jamais fait étudier la composition des peintures rouges ou jaunes. Les dessins rouges sont nombreux et constituent la quasi-totalité de la décoration de la première partie de la grotte. Cette peinture minérale ne peut être datée par le carbone 14, mais son analyse, si elle était réalisée, fournirait des informations capitales, il aurait pu prendre conseil auprès de J. Clottes, qui avait publié une étude des peintures minérales des grottes de l'Ariège[139], avec des analyses de leur composition par des techniques modernes de microscopie électronique et d'accélérateur de particules. En établissant la chronologie des peintures grâce à des analyses comparatives sur des objets d'art mobilier peints, il fut conduit à conclure « comme tout le laisse à penser, les recettes ont une

[139] Clottes *et alii* 1990.

valeur chronologique »[140]. Que d'informations aurait pu apporter l'analyse des peintures rouges de la grotte Chauvet ! Comme cela avait été fait pour l'Ariège, l'équipe aurait pu comparer les compositions de ces peintures à celles qui sont connues et datées sur les objets d'art mobilier de la grotte voisines des Deux Avens, les comparer aux peintures rouges de la grotte de la Tête du Lion, bien datée elle aussi, aux dessins magdaléniens rouges de la grotte du Planchard située à 30 mètres seulement de la grotte Chauvet, et bien d'autres.

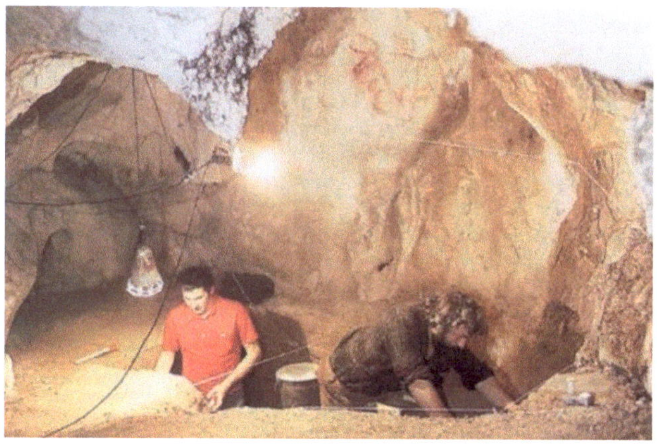

Grotte de la Tête du Lion. Fouilles qui ont permis de découvrir un bloc de colorant avec du charbon de bois (Photo J.Combier).

[140] Clottes et *alii* 1990 p 187.

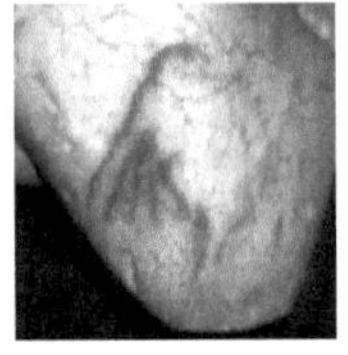

Mammouth rouge grotte Chauvet grotte d'Oulen

Il est regrettable qu'au cours des vingt années de travaux effectués dans la grotte, les sols n'ont jamais été fouillés. Que renferment-ils ? Quelles informations restent totalement inconnues ?

On doit rappeler que M.-A. Garcia avait déploré dès 2003 de n'avoir pu étudier les empreintes que sur un espace limité[141] à partir des passerelles ; il réclamait la possibilité d'étude par enregistrement optique. Cela n'a jamais été fait et l'étude des empreintes a été arrêtée.

Pourquoi cette grotte, qui a reçu des moyens exceptionnels de recherche, n'a même pas bénéficié des investigations élémentaires qui sont systématiques dans d'autres grottes ? Sa recherche archéologique étant souvent présentée comme le *nec plus ultra*, il faut craindre que cette limitation des investigations devienne la norme, on nous signale déjà que dans une autre grotte des prélèvements couramment effectués ailleurs à l'étranger ont été refusés sous le même prétexte de la conservation qui est avancé dans la grotte Chauvet.

141 Collectif 1 : 104.

TROISIEME PARTIE

Le contexte artistique au Paléolithique supérieur

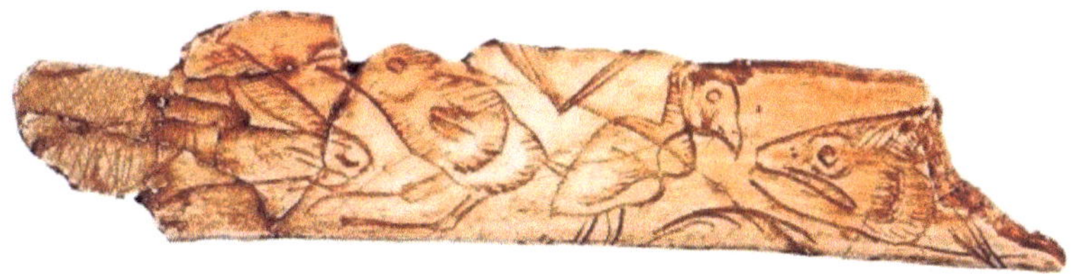

(Photo CERP)

Lissoirs en os de cerf (Magdalénien), grotte des Deux Avens.

Une culture préhistorique ne se limitait pas à l'espace intérieur d'une seule grotte. Nous devons aussi nous intéresser à l'art présenté hors de la grotte Chauvet.

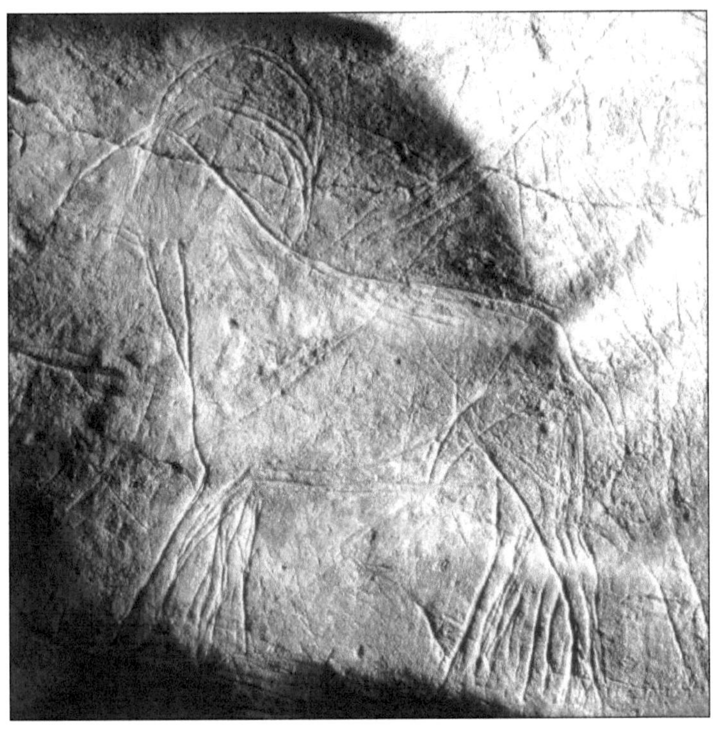

Abri du Colombier (d'après N. Aujoulat)

CHAPITRE 1

L'art préhistorique en Ardèche

Pour préparer son livre « Quatre cent siècles d'art pariétal » paru en 1952, l'abbé Breuil avait demandé à Jean Combier quelques photographies de gravures des grottes Chabot et du Figuier. Quand il reçut les clichés, Breuil le remercia à peu près en ces termes sur un ton un peu paternaliste : « C'est bien mon jeune ami, c'est très intéressant, je vous engage à poursuivre vos travaux sur cette région, mais c'est périphérique, marginal et je crains bien qu'on n'y trouve pas de site pariétal très important. Le vrai berceau de l'Art, c'est évidemment l'Aquitaine et les Cantabres. » Jean Combier a pourtant cru en l'importance archéologique de cette région, il a fouillé, dirigé des équipes, formé les jeunes archéologues, un journaliste a rapporté ce qu'il avait prédit : «Les grottes connues de la vallée de l'Ardèche ne sont que des chapelles, un jour on découvrira leur cathédrale.» Cette vallée de l'Ardèche est maintenant reconnue comme une région importante de l'art pariétal, notamment l'une des premières pour l'art du Solutréen dont à coup sûr la grotte Chauvet possède les plus imposantes œuvres.

Sites gravettiens : Les Huguenots ; Les Bruyères de Saint-Marcel ; Le Bouzil ; Le Marronnier ; Baou de la Sello.

Sites solutréens : La Rouvière ; Tête du Lion, Deux Ouvertures, Chabot, La Cuvette, Figuier, Oulen, Huchard, Ebbou, grotte aux Points, Mézelet.

Sites magdaléniens : Planchard ; Le Colombier ; Les Deux Avens ; Baume de Ronze ; La Blanchisserie d'Aiguèze.

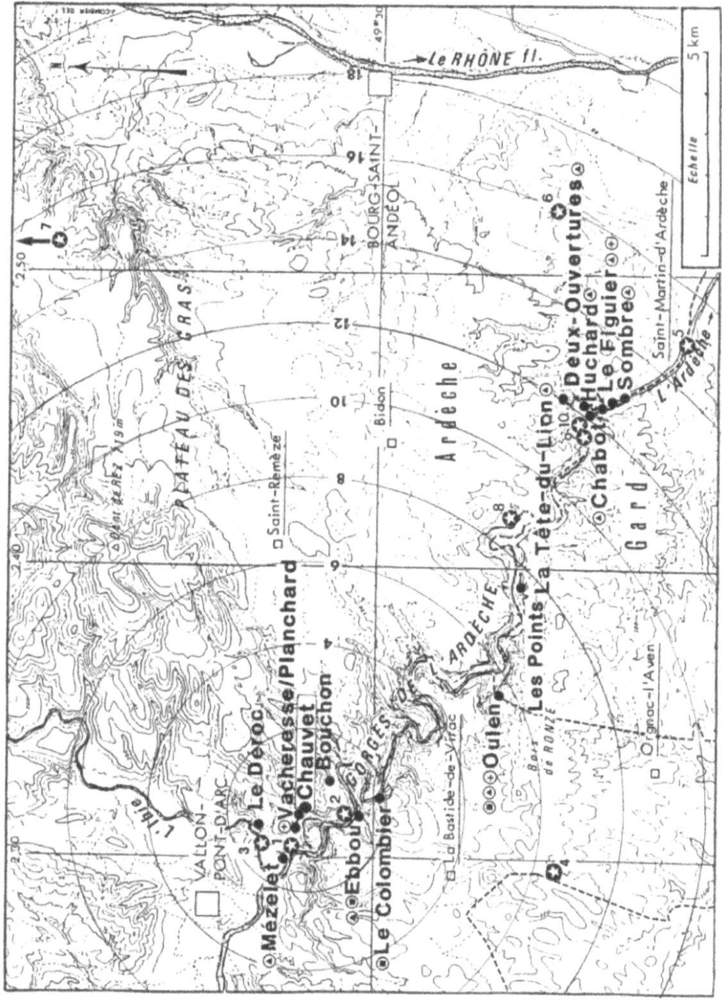

Les signes cerclés en indiquent l'âge : Gravettien (+), Solutréen (▲), Magdalénien (■) (Aucun site Aurignacien n'est connu dans cette région).
(Schéma et légendes J. Combier 2014).

Tout près de la grotte Chauvet

Dans le cirque d'Estre, à trente mètres de l'entrée des archéologues de la grotte Chauvet, la *grotte du Planchard* possède deux figurations féminines typiques du Magdalénien.

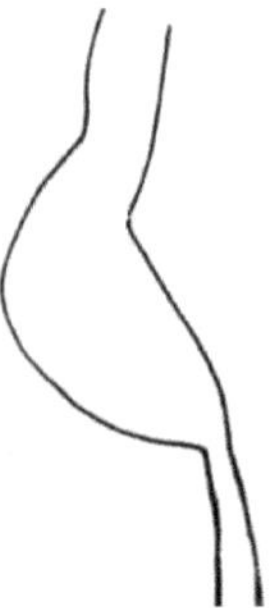

Grotte du Planchard, ocre rouge. (D'après Bosinski et Schiller).

Grotte des Deux Avens

A l'autre extrémité du plateau des Gras, la grotte des Deux Avens a fourni des objets témoins du Magdalénien, datés de 12 350 BP : quelques très belles gravures sur des lissoirs en os de cerf ont été découvertes par J. Combier. De très petite taille, elles sont réalisées avec une extrême minutie. Elles sont très semblables à un objet qu'a fourni la grotte de La Vache en Ariège, daté de 12 590 BP (par un autre laboratoire).

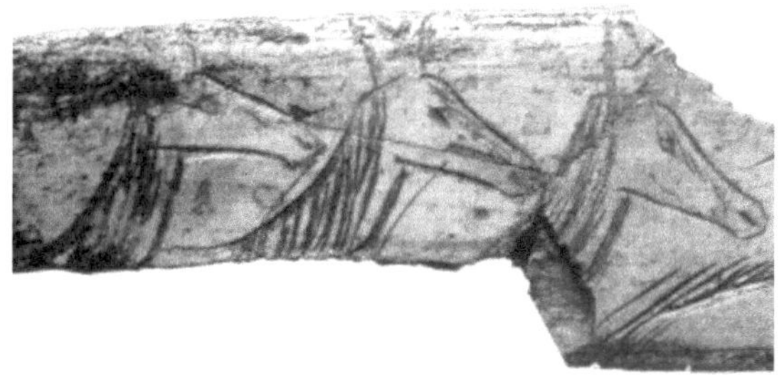

Grotte des Deux Avens (CERP)

Abri et grotte du Colombier

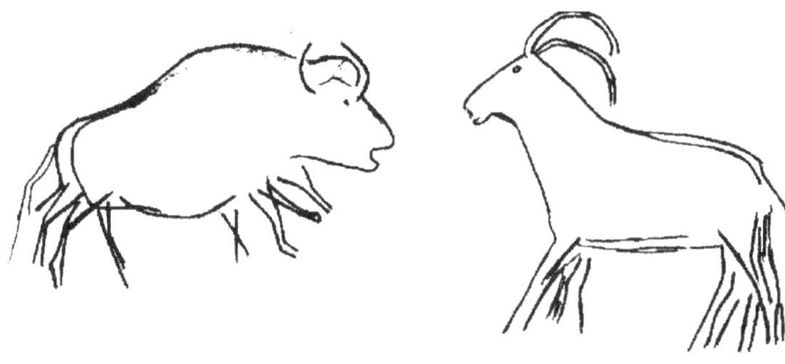

Chauvet

Colombier (Ardèche)

Daté du Magdalénien

Dans un abri dominant l'autre rive de l'Ardèche, une plaque de calcaire, sur laquelle a été gravé un dessin de bouquetin, a été détachée de la paroi par le gel et précipitée sur le sol, puis a été recouverte par les sédiments des époques suivantes. Plusieurs charbons de bois prélevés en-dessous ont été datés en 1991 par deux laboratoires, de Lyon et d'Utrecht. Les résultats obtenus se répartissent de 13 280 à 14 660 BP. Au-dessus de la plaque gravée les couches ont été datées de 12 150 à 11 460 BP, c'est l'époque du Magdalénien. Confirmant ces dates, des silex trouvés dans les mêmes couches sont typiques du Magdalénien. En outre, le style de cette gravure est bien du Magdalénien et la faune représentée correspond bien à celle de cette époque. Tout concorde donc pour attribuer à cette gravure un âge compris entre ces dates au Magdalénien.

La vallée de l'Ardèche a également révélé une dizaine de sites solutréens, ce qui en fait l'une des plus importantes régions pour cette culture, avec les grottes d'Ebbou, de la Tête du Lion et La grotte Chabot un peu plus en aval.

Grotte d'Ebbou

Avant la découverte de la grotte Chauvet, la grotte d'Ebbou, d'une longueur totale de près de 300 mètres, était la grotte ornée la plus importante de toute la région. Elle est située sur l'autre rive de l'Ardèche, à 1,5 km à vol d'oiseau en aval de la grotte Chauvet.

Les gravures sont situées à 100 mètres de l'entrée. La grotte a été visitée par des groupes de touristes jusqu'en 1964, et du fait de cette fréquentation, les parois fragiles ont subi des dommages dans les zones où se trouvent ces gravures. Il en reste 73 de dimensions allant de 20 centimètres à 1 mètre. La plupart des dessins sont attribués au Solutréen, certains au Magdalénien, et l'ensemble témoigne d'une grande unité de style. Toutes les figures sont gravées sur la roche tendre et réalisées avec une même technique, utilisant l'os ou la calcite.

La faune représentée correspond à 62 animaux, on y retrouve ceux de la grotte Chauvet à l'exclusion des rhinocéros, les préhistoriens reconnaissent une parenté de style avec plusieurs grottes de l'Ardèche, du Gard et des Bouches du Rhône (Chauvet, Bayol, Chabot, le Figuier, Oulen et Cosquer) et même d'Espagne, mais aussi des analogies avec certains dessins de la grotte Chauvet : les tracés solutréens des pattes filiformes et les huit aurochs ont les cornes en S comme certains dans la grotte Chauvet.

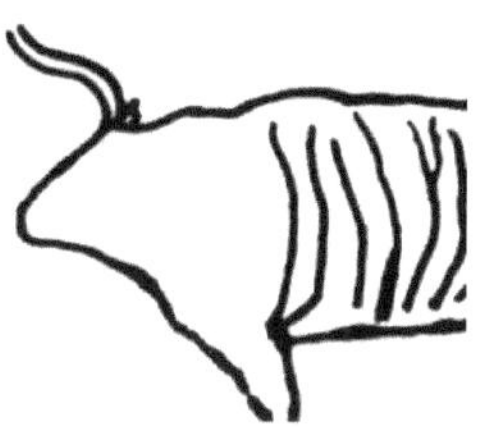

Aurochs, grotte d'Ebbou.

Plus en aval

Grotte Chabot ou grotte aux Mammouths

« La grotte Chabot est la doyenne des grottes ornées en ce sens que ce fut celle où, pour la première fois, un préhistorien remarqua des figures paléolithiques. C'est en effet en 1878[142], un an avant la découverte des figures d'Altamira, que Léopold Chiron nota les gravures de la paroi gauche et pensa qu'elles se rapportaient aux couches préhistoriques qu'il fouillait. » (Leroi-Gourhan 1963)

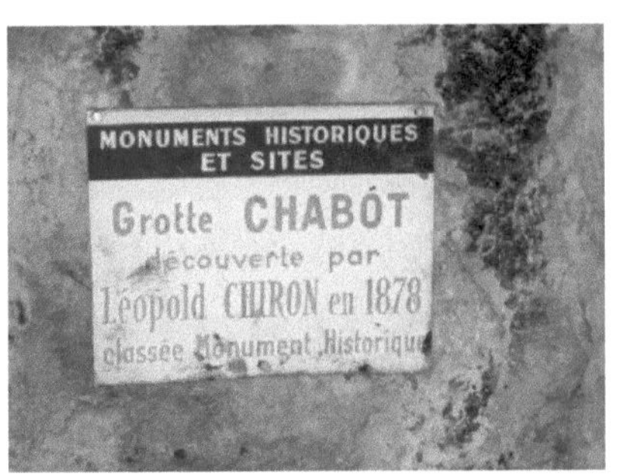

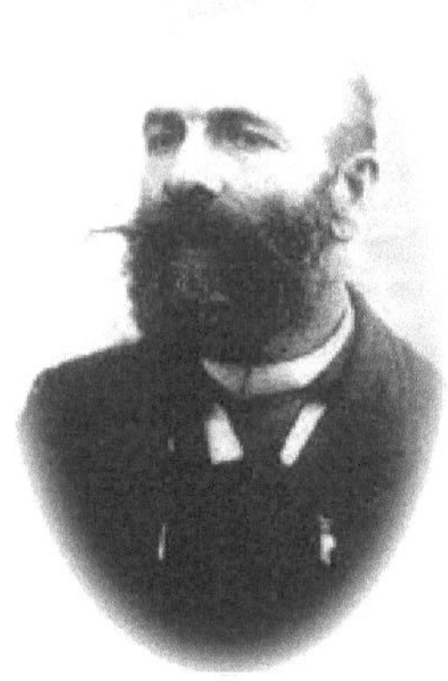

Parmi les fondateurs des recherches préhistoriques que compte le Midi de la France figure en bonne place un modeste instituteur de chez nous, Léopold Chiron. Originaire de Saint Marcel d'Ardèche où il naquit en 1845, il commença sa carrière au voisinage, à Saint-Martin, dans un secteur privilégié qui décida de sa vocation. Infatigable, servi par une parfaite connaissance des lieux et de ses habitants, il découvrit ou se fit indiquer un nombre considérable de grottes d'époques diverses, d'abri-sous-roches, de cavités funéraires, de dolmens dont il s'était fait une sorte de spécialité et où il fut souvent le premier à effectuer des fouilles. Le

[142] Selon d'autres auteurs, en 1876.

retentissement de ces travaux dans les milieux scientifiques de l'époque, à Lyon et Avignon d'abord puis à Paris, les publications qu'il ne manqua pas de consacrer à ses découvertes (exemple que ses successeurs n'ont pas toujours suivi hélas !), contribuèrent à faire connaître très tôt la richesse préhistorique exceptionnelle des gorges de l'Ardèche et à rendre célèbres plusieurs cavernes, en particulier Chabot et le Figuier. (J. Combier. Études préhistoriques 1971)

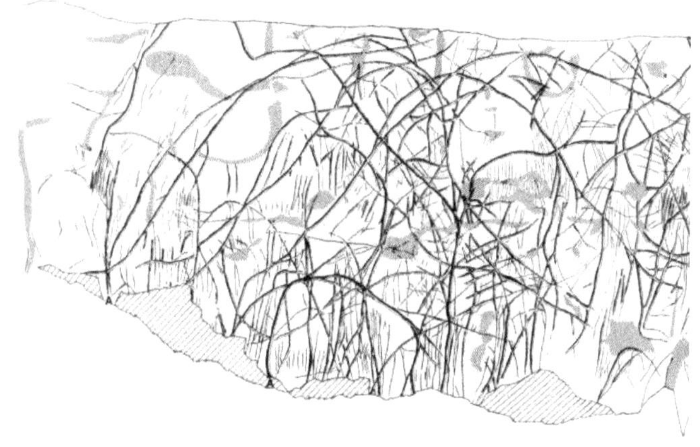

Grotte Chabot, mammouths gravés. (J. Combier)

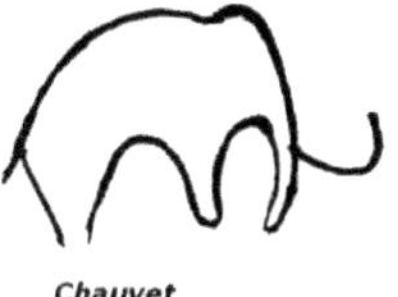

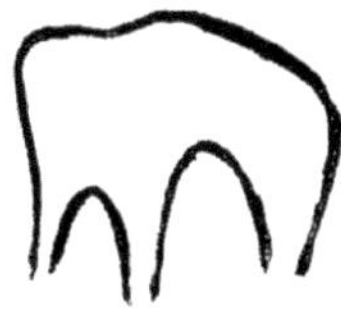

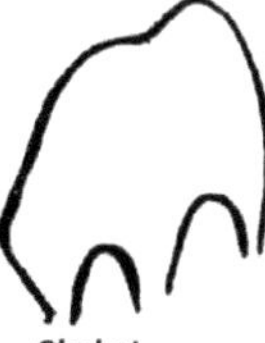

Grotte de la Tête-du-Lion

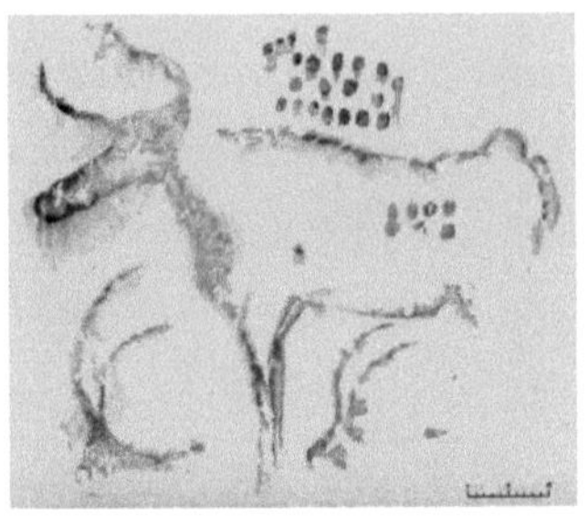

Aurochs

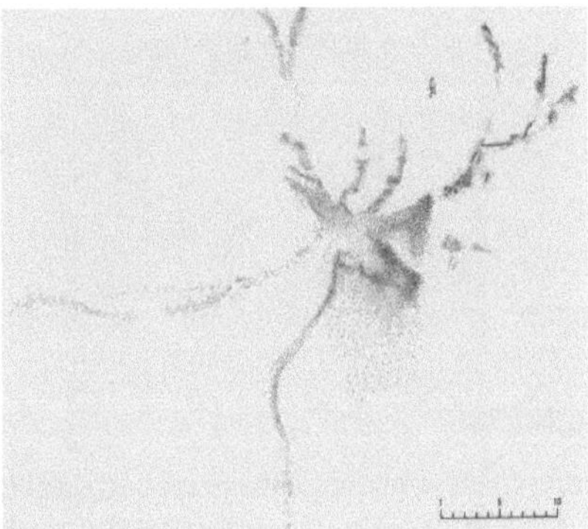

Cerf, ocre rouge. Grotte de la Tête du Lion (J.Combier)

Les fouilles effectuées dans le sol de la grotte de la Tête du Lion au pied des figures peintes ont permis de découvrir un morceau du colorant rouge. L'analyse de ce colorant a confirmé qu'il avait la même composition que celui qui a été utilisé pour réaliser les dessins. La couche le contenant possédait des charbons de bois qui ont été datés de 21 650 BP. Le style solutréen des peintures correspond à cette date. Cette datation, mise en œuvre par J. Combier, est s l'un des très rares cas où on a pu dater un pigment non carboné. Une nouvelle et récente datation a été effectuée, elle a donné le même résultat.

La grotte des Deux-Ouvertures a été la dernière grotte d'importance découverte[143] en Ardèche avant la grotte Chauvet. Elle renferme de nombreuses gravures qui témoignent de procédés stylistiques comparables à certains dessins de la grotte Chauvet, mais elles sont moins bien conservées. Cette grotte solutréenne a été également fréquentée par de nombreux ours.

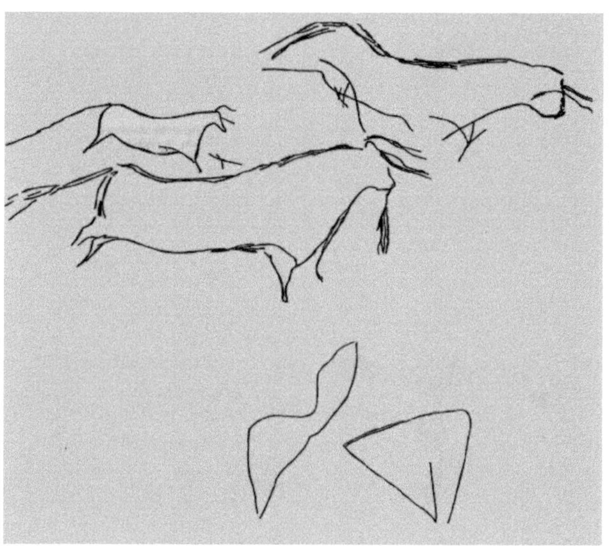

Gravures, grotte des Deux Ouvertures.

[143] Désobstruée en 1985 par un groupe de spéléologues conduits par Christian Hillaire.

Double crinière des chevaux :

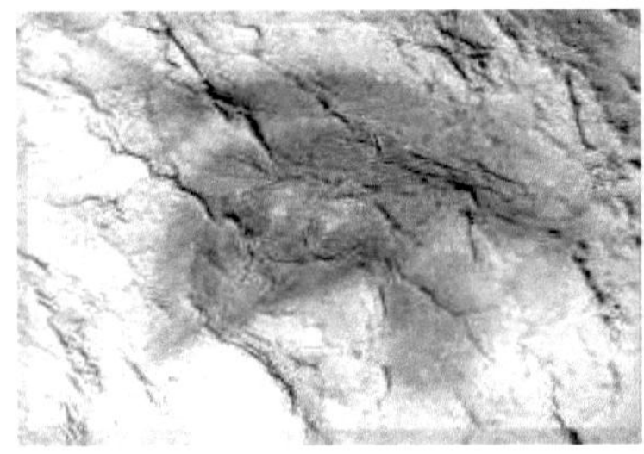

Grotte d'Ekain (Espagne)

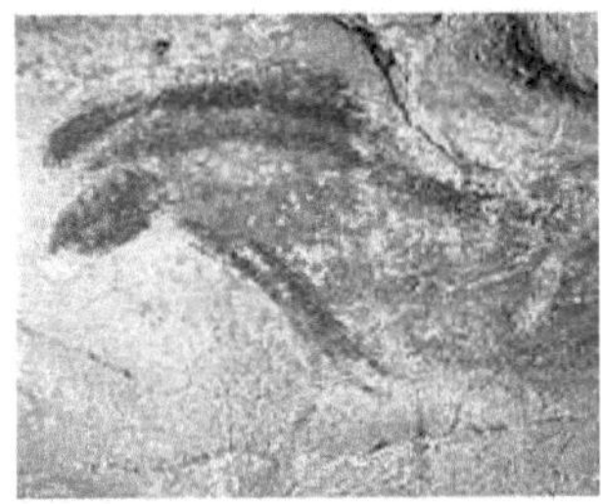

Grotte Chauvet (France)

CHAPITRE 2

Styles et cultures du Paléolithique supérieur

Les préhistoriens constatent que les procédés de style propres à une culture ne se sont pas limités à une région, mais se sont répandus sur toute l'étendue géographique occupée par les hommes de cette culture.

La représentation des pattes au Solutréen

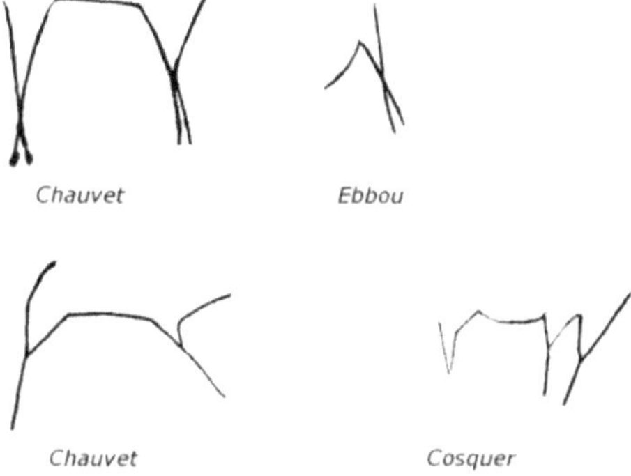

Des pattes filiformes en X ou Y

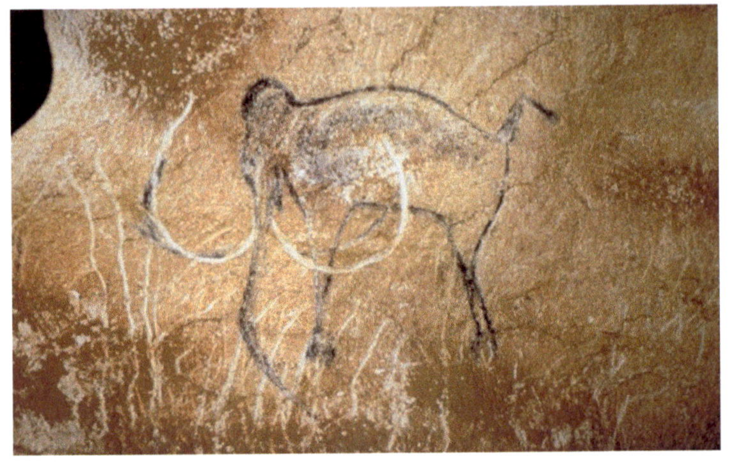

Grotte Chauvet (Photo SRA Rhône-Alpes).

Chevaux au Solutréen final

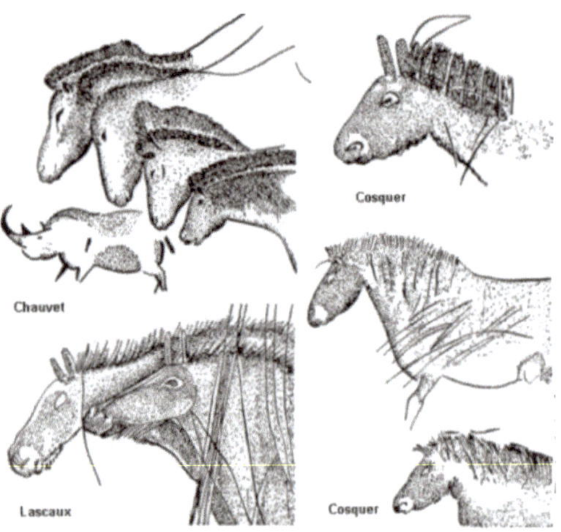

(Dessins d'après C.Züchner).

D'autres styles plus anciens de chevaux représentent le museau en forme dite de « bec de canard »[144].

A la fin du Solutréen et au Magdalénien, les artistes utilisent davantage la perspective et les détails anatomiques pour rendre un effet plus réaliste.

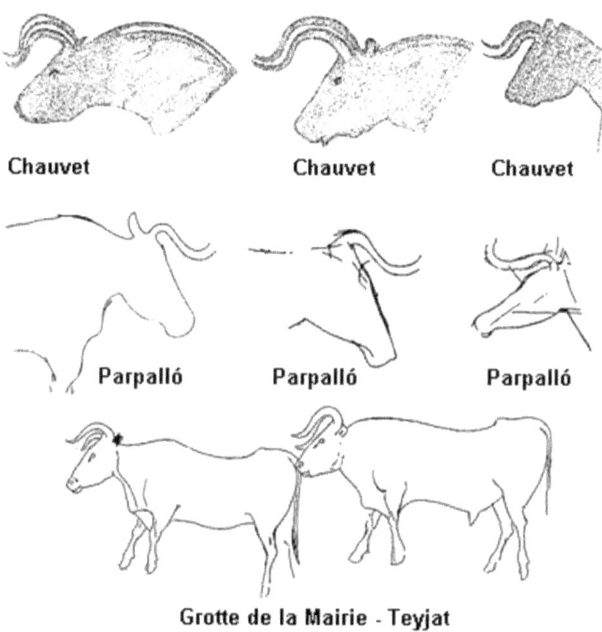

(Dessins d'après C.Züchner)

[144] Page160, 16 à 20.

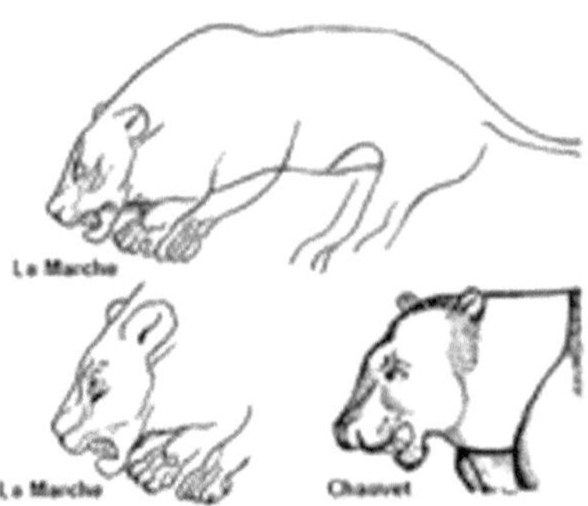

Félins magdaléniens, La Marche (Vienne) et grotte Chauvet (Dessins d'après C.Züchner).

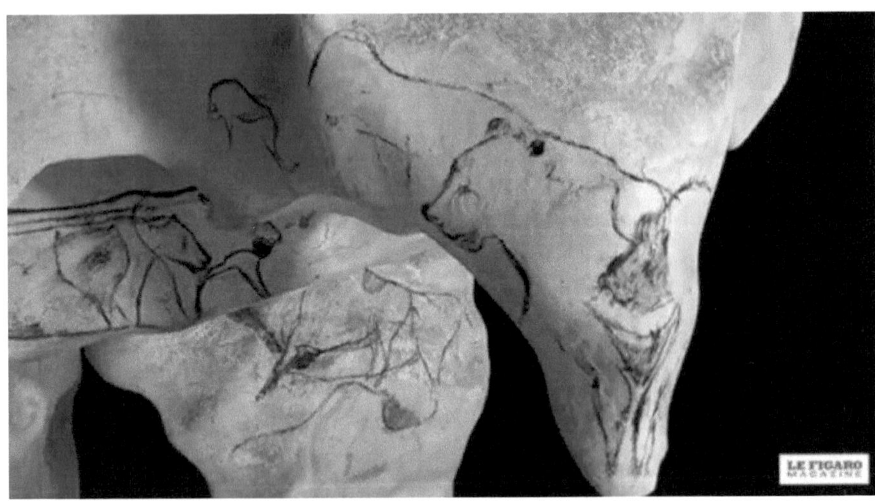

Tête de félin et sexe féminin, dans la grotte Chauvet, style magdalénien (D'après Figaro Magazine).

Les représentations de face des animaux sont connues surtout au Magdalénien :

Dans la grotte Chauvet (d'après C. Züchner) :

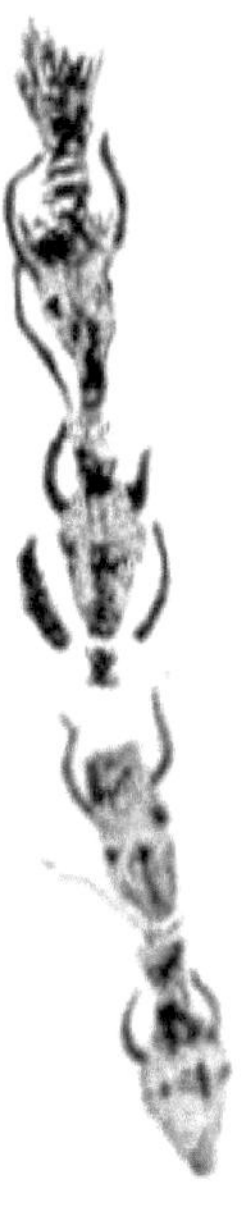

Page de droite :

Mammouths longilignes à ventre ovalisé : 1. Grotte Chauvet (en tracé digital). Représentations semblables datées du Gravettien final et du Solutréen ; 2. Grotte Chabot (Gard) ; 3. La Grèze (Dordogne) ; 4. Roucadour (Lot) ; 5. Le Figuier (Ardèche) ; 6. Cueva del Arco B (Espagne) ; 7. Cougnac (Lot).

Protomés de lions enchevêtrés (associés au mammouth et à d'autres animaux) : 10. Grotte Chauvet) ; 8. Jovelle (Dordogne)(relevé sur photo, sans l'ombrage) ; 9. Roucadour (d'après M. Lorblanchet), panneau thématique similaire.

Figurations pariétales du Gravettien, Solutréen et Magdalénien comparatives (par J. Combier)[145]

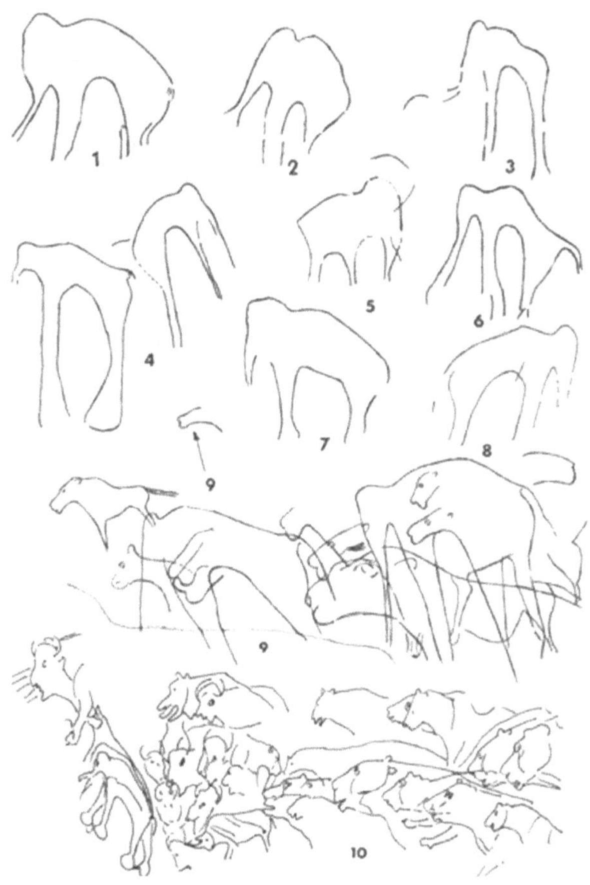

145 Collectif 2 2014.

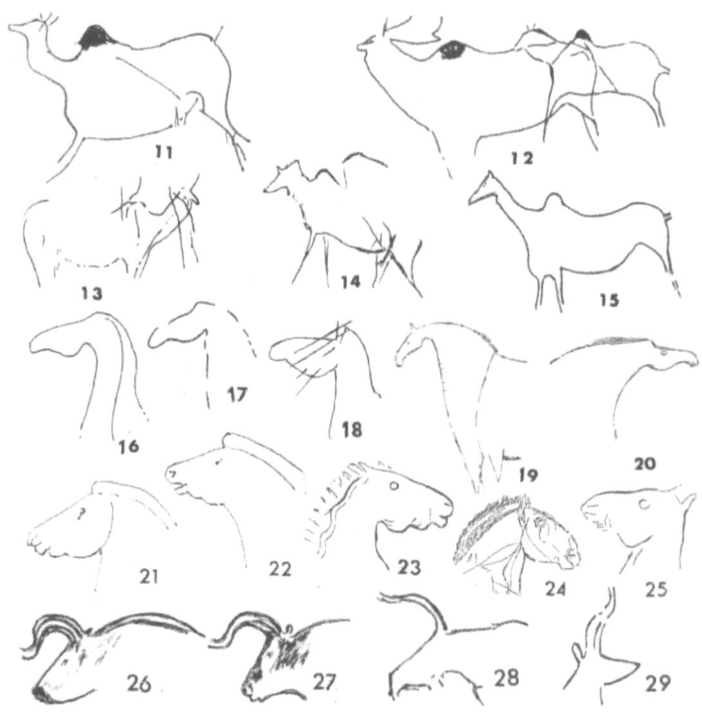

Cerfs Mégacéros à bosse au garrot : 11 et 14. Grotte Chauvet. Représentations semblables datées du Gravettien ; 12. Cougnac (Lot) ; 13. La Grèze (Dordogne) ; 15. Roucadour (Lot).

Têtes de chevaux archaïques, à bec de canard : 16. Grotte Chauvet. Représentations semblables datées du Gravettien et du Solutréen ; 17. Croze à Gontran (Dordogne) ; 18. Le Parpalló, sur plaquette (Espagne) ; 19 et 20. Roucadour (Lot).

Têtes de chevaux de style évolué : 21 et 22. Grotte Chauvet ; 23. La Colombière, sur galet (Ain) ; 24. Les Combarelles (Dordogne) ; 25. Font-de-Gaume (Dordogne). Cornes d'aurochs en S : 26 et 27. Grotte Chauvet ; 28 et 29. Ebbou (échelles diverses).

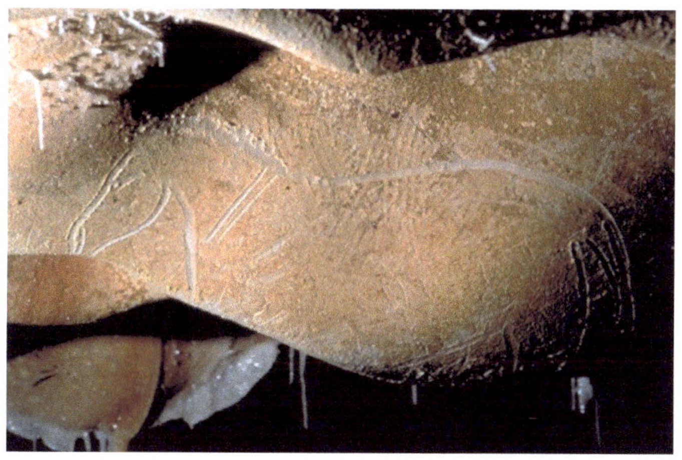

Cheval, tracé digital, Grotte Chauvet (SRA Rhône-Alpes)

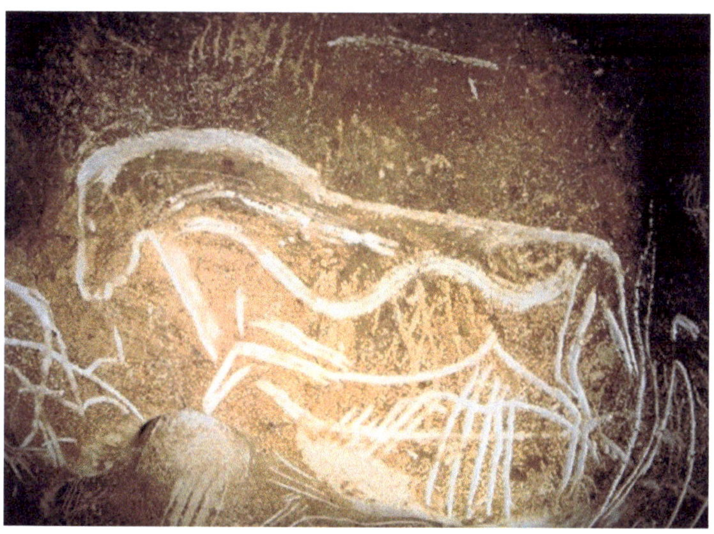

Grotte Chauvet. Cheval, autre style (SRA Rhône-Alpes).

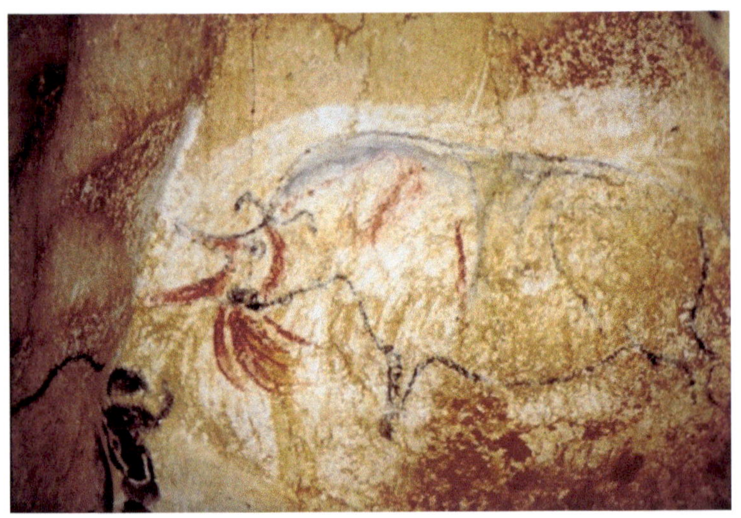

Grotte Chauvet. Deux animaux de styles très différents(SRA).

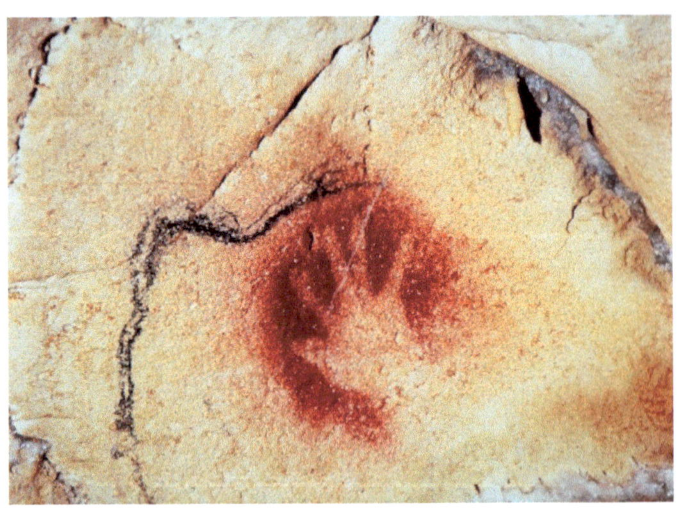

Mammouth et main négative (SRA)

CHAPITRE 3

L'art aurignacien ?

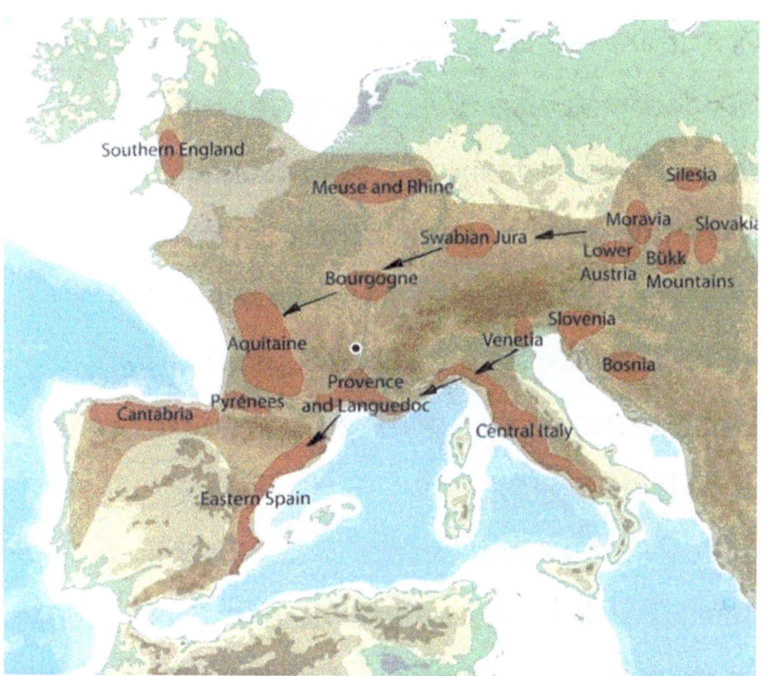

Carte des populations aurignaciennes et de leur progression vers l'Ouest le long de deux axes. La grotte Chauvet est isolée au milieu de la vallée de l'Ardèche que les Aurignaciens n'ont pas atteint (Combier[146], modifié d'après Le Brun Ricalens et Bordes) :

---

[146] Combier et Jouve 2012.

L'outillage, les œuvres pariétales, toutes les dates obtenues dans les sites de la vallée de l'Ardèche, en particulier au voisinage de la grotte Chauvet, des sites qui ont été étudiés par de multiples équipes, appartiennent aux cultures successives du Gravettien Solutréen et Magdalénien, d'autres à des périodes plus anciennes du Moustérien.

De nouvelles datations dans la vallée de l'Ardèche ont été effectuées de 2007 à 2009 (dirigées par J. Monney)[147], des dates furent vérifiées dans les sites de plein air et dans des grottes, mais aucune date aurignacienne n'a pu être obtenue, ce qui confirme l'absence de cette culture dans les gorges de l'Ardèche. Absolument rien de l'époque de l'Aurignacien.

Si aucun vestige aurignacien n'a jamais été découvert dans la vallée de l'Ardèche, cette culture a été présente dans plusieurs régions d'Europe. Elle n'a pas produit des œuvres d'art élaboré comme certains voudraient le croire.

L'art aurignacien[148]

Avant la datation assignée aux peintures et aux dessins zoomorphes élaborés de la grotte Chauvet il avait été établi depuis longtemps que les tendances artistiques de l'Aurignacien, en France et en Espagne, s'étaient surtout appliquées à l'ornementation de quelques rares objets utilitaires comme les

---

147 Julien Monney, « Datation des grottes ornées de l'Ardèche », ADLFI. Archéologie de la France - Informations [En ligne], Rhône-Alpes, mis en ligne le 01 mars 2009, consulté le 26 novembre 2016. URL : http://adlfi.revues.org/3503 ; DOI : 10.4000/adlfi.3503

148 Texte de et avec l'aimable autorisation de Jean Combier.

sagaies et les lissoirs. On avait surtout affaire aussi à des éléments de parure (perles, dents percées, pendeloques, bracelets). Les graphismes qui en constituent parfois le décor sont essentiellement d'ordre géométrique très simple. Il s'agit d'encoches en série (les «marques de chasse» des premiers préhistoriens), de traits séquentiels parallèles, rectilignes ou en Y. Très exceptionnellement des croisillons et des points en série formant des lignes ou associés à des encoches présentent une disposition qui peut indiquer parfois l'ébauche d'un schéma : c'est le cas de deux objets rarissimes de l'abri Lartet, aux Eyzies, et de l'abri Blanchard des Roches, à Castelmerle. Les petits objets d'art mobiles comme les gravures zoomorphes sur os, bois de renne ou pierre sont inconnus à l'Aurignacien. Ils apparaîtront seulement et en petit nombre au Gravettien, pour se multiplier par la suite, surtout au Magdalénien, l'art solutréen sur plaques du Parpalló restant exceptionnel.

En Dordogne, cité souvent comme unique, un phallus sommairement dégrossi dans une cheville osseuse de bovidé provient de l'abri Blanchard. Cette figuration sexuelle s'accorde aux gravures semi-réalistes de vulves en forme de fer à cheval gravées (avec quelques phallus sommairement dessinés) sur des blocs de la Ferrassie (Savignac-de-Miremont), de l'abri Cellier (Tursac), des abris Castanet et Blanchard, à Sergeac. Elles montrent qu'un secteur géographiquement très limité de la vallée de la Vézère, mais où l'habitat s'était concentré, avait constitué, à l'Aurignacien I, l'incontestable lieu de naissance du plus ancien graphisme paléolithique européen, qui se situe au plus tôt vers 35000 ou 34000 ans BP. Quant aux gravures zoomorphes sur blocs nous ne retiendrons que celles qui sont rigoureusement datées, car trouvées au sein des couches d'habitat aurignaciennes. Elles sont localisées dans le même secteur du Périgord dont l'occupation semble bien avoir été maximale en France lors d'une phase de froid sec pléniglaciaire qui débute autour de 34 000 BP et se poursuit jusqu'à l'oscillation sensiblement moins froide d'Arcy (31 000 BP). Ces rares gravures, parfois maculées d'ocre rouge ou de noir, sont connues par leur tracé grossier et malhabile, obtenu par un piquetage éventuellement régularisé en gravure. Il s'agit de tracés d'animaux, souvent incomplets et en général indéterminables quant à l'espèce figurée. Les pattes sont vues de face et les détails anatomiques font défaut. C'est pourtant ce que savaient faire de mieux les Aurignaciens à la Ferrassie et aux abris Blanchard et Cellier, dans les premiers millénaires de leur présence dans notre pays. Le probable bouquetin à queue courte et pattes difformes de l'abri du Renne de Belcayre, à Thonac, est également très sommaire mais complet ; trouvé hors stratigraphie il est certainement aurignacien mais d'âge imprécis. L'animal indéfini du niveau H de la Ferrassie date d'un Aurignacien tardif (« à tendance gravettienne » selon le fouilleur).

… De nouvelles recherches beaucoup plus précises, comme celles d'Henri Delporte à la Ferrassie n'ont pas donné d'œuvres d'art analogues, ce qui souligne encore leur caractère de rareté. Mais, et c'est là le fait principal, comme peut-être aussi dans le cas du Jura Souabe (dont certaines œuvres ont été trouvées hors stratigraphie), on constate que la principale concentration de sites qui est connue en Europe occidentale correspond à n'en pas douter à une densité démographique exceptionnelle pour l'époque….

Il existe cependant des tentatives artistiques pariétales très anciennes dont on retrouve les traces sur les parois elles-mêmes ou encore sur des plaques ou des blocs calcaires provenant du démantèlement cryoclastique de la voûte des abris. En quoi consistent exactement ces vestiges observés en Espagne, en Italie et en France et qui ont été parfois comparés à Chauvet, malgré des différences très accusées ?

Le remarquable abri sous roche de la Viña, dans la vallée asturienne du Nalón a été fouillé très méthodiquement par J. Fortea Perez, à partir de 1980. Il a donné une impressionnante série stratigraphique qui conduit de l'Aurignacien au Magdalénien moyen en passant par le Gravettien à Noailles et le Solutréen. La paroi de cet habitat ouvert est littéralement couverte, comme nous avons pu l'observer, de lignes profondément incisées, verticales et assez régulièrement espacées. Leur recouvrement par des couches gravettiennes indique clairement que ces incisions ont été faites à l'Aurignacien. Mais elles ne sont associées à aucun dessin figuratif et c'est avec le second étage de gravures, placé à hauteur de main des sols d'habitat gravettien et solutréen qu'apparaissent les premières représentations, incisées finement, de biches et de rares chevaux, associées à beaucoup de tracés indéterminés. On observe des gravures profondes non figuratives dans d'autres sites espagnols (El Conde, Covarón, Samoreli, Cueto de la Mina), qui ne sont pas forcément contemporaines des précédentes, et aussi dans les gisements de la

Riviera italienne (abri Mochi, grotte du Cavillon). Cette pratique était donc, semble-t-il, largement répandue.

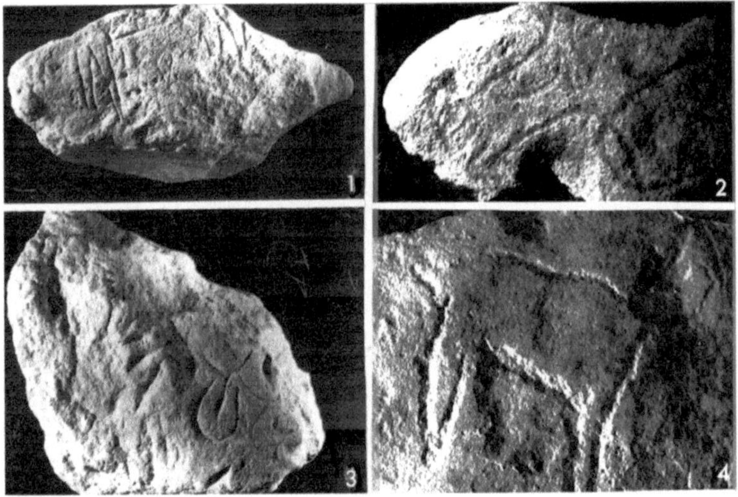

Gravures datées de l'Aurignacien (Dordogne). 1 et 3, La Ferrassie; 2, Abri Cellier; 4, Abri du Renne de Belcayre.

Un autre site stratifié important, la grotte de Fumane, en Vénétie, fouillé par Alberto Broglio a donné, lui, des éléments calcaires peints à l'ocre, dérivés des parois et inclus en milieu aurignacien. La figure très schématique d'un anthropomorphe, dont l'aspect protohistorique est surprenant, et un possible animal à pattes filiformes (qui ressemblent aux coulures d'un pigment liquide) sont les seuls éléments à peu près identifiables. Leur style est tellement rudimentaire qu'il ne peut d'aucune manière être mis en parallèle avec celui des peintures de la grotte Chauvet.[149]

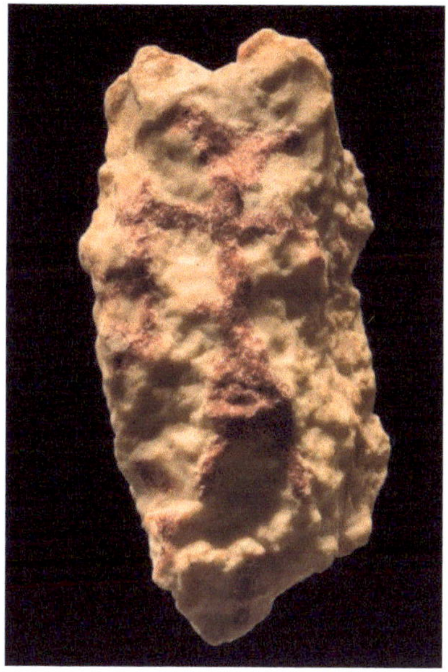

Fumane (photo T. Parg)

[149] J. Combier 2014.

Epilogue

L'obscurantisme triomphe dans les ténèbres de la grotte Chauvet

L'âge de l'art de la grotte Chauvet a rejoint pour la renommée celui des figurines du Jura souabe. Comme il fallait s'y attendre, la course à l'origine de l'art se poursuit de plus belle. Aux 37 000 ans calibrés des peintures françaises, on opposerait maintenant 42 500 ans pour les figurines allemandes[150].

Un traitement aussi désastreux de la recherche est unique dans l'archéologie. On aurait pu l'attribuer à l'amateurisme ou à l'incompétence d'une équipe, mais perdurant vingt années dans la grotte Chauvet, avec deux directeurs successifs, bénéficiant des avis provenant de la communauté scientifique, cela est absolument exclu.

150 «...the Early Aurignacian beginning around 42,500 cal BP. In the coming years, excavations in the Swabian Jura will continue and new radiometric dates should contribute to an improved understanding of the spatial-temporal development of the Aurignacian and its innovative material culture. ». Higham et *alii* 2012.

En 2010, après avoir eu connaissance que les avis de la communauté scientifique étaient superbement ignorés et voulant être positifs, nous avions alerté le Ministre de la Culture pour lui faisant prendre conscience du problème et lui demander de ramener à la raison la conduite des travaux. Le Ministre a transmis notre lettre au Directeur de tutelle au ministère.

Six années plus tard, nous constatons que rien n'a changé pour cette grotte, il n'y a toujours pas eu d'analyse de composition des échantillons, pas de contrôle, pas de fouilles du sol, il s'agit manifestement d'une interdiction de réaliser des investigations scientifiques qui à coup sûr contrediraient les dates de plus de 30 000 ans. Les dates ne sont que des chiffres, mais en voici d'autre plus efficaces :

Un équipement destiné à reproduire l'essentiel de la grotte Chauvet pour les touristes a été bâti à quelques kilomètres de la grotte (du côté de l'Ibie, c'est-à-dire de l'entrée préhistorique, ce qui est une bonne chose), il se nomme La Caverne du Pont d'Arc. Il a fallu investir beaucoup d'argent pour le construire, et les gérants attendent de 300 000 à 400 000 visiteurs par an. Le prix du billet d'entrée étant de 13 euros[151], il correspond à un chiffre d'affaires de plus de quatre millions d'euros annuels. La présentation de cet équipement est la suivante : « Le plus grand site de restitution du monde. Après 36 000 ans, le premier chef d'œuvre de l'humanité sort de l'ombre[152] ». Dans la rubrique « La galerie de l'Aurignacien » on peut lire : « La Caverne du Pont-

---

151 Tarif de 2016.

152 www.cavernedupontdarc.fr

d'Arc est le seul lieu en France et un des rares au monde qui traite de l'art pratiqué par nos ancêtres.» Si la vérité scientifique était diffusée, on pourrait difficilement faire de telles annonces ; pourrait-on attirer des foules du monde entier ? Et les millions d'euros ?

Messieurs les archéologues, ne tuez pas la poule aux œufs d'or !

ANNEXE 1

La grotte de Coliboaia dans les Carpates

Il s'agit des Carpates roumaines, la vallée du Sighistel sur la commune de Câmpani en septembre 2009 et de cinq spéléologues roumains. Ils ont rapporté des photographies de dessins pariétaux.

La première publication, dans la revue INORA de J. Clottes, sous les signatures de spéléologues roumains et B. Gély (INORA 57), rapporte ces photographies. Elles proviennent d'une grotte « classiquement fréquentée par les spéléologues ». La preuve de fréquentation est que les ossements d'ours ont été déplacés pour les passages des spéléologues. On apprend aussi que le conseil départemental de Bihor a pris contact avec J. Clottes mais que le secret est gardé pendant 9 mois, les archéologues roumains n'ont pas été informés.

La grotte de Coliboaia « se trouve au bout d'un « couloir sous-carpatique qui comprend les dépressions des rivières de Crisul Negru et Crisul Repede, où les occupations préhistoriques remontent jusqu'au Paléolithique, le début du Paléolithique supérieur étant assez bien représenté Des habitats aurignaciens et gravettiens sont même répertoriés dans la région de la nouvelle grotte ornée ». Cette indication préhistorique ne sera pas reprise dans les publications suivantes, sans doute par ce que les auteurs n'avaient pas su qu'une exploration systématique avait été faite dans les grottes de cette vallée et n'avait montré aucune trace paléolithique (voir la fin de ce chapitre). On apprend aussi qu'un projet scientifique sera conduit sous l'autorité de J. Clottes. « L'étude de la grotte ornée Coliboaia sera coordonnée par le Musée Tarii Crisurilor d'Oradea (archéologue Călin Ghemiş), sous la responsabilité scientifique de Jean Clottes (actes de l'IFRAO sept 2010).

En mai 2010 eut lieu une visite d'archéologues français sous la direction de J. Clottes (aucun archéologue roumain n'est indiqué dans la liste[153]) et de spéléologues. Ils procèdent à l'authentification qu'ils publient dans le numéro 61 de la revue INORA en 2011. C.Khemis[154] reprend la description de la grotte dans Acta Archaeologica carpathica Khemis Vol. XLVI, 2011.

Au congrès de l'IFRAO, à Tarascon-sur-Ariège, en septembre 2010, une communication Clottes et *alii* présentait des dates radiocarbone du LSCE avec référence Gif de 2011(GifA11001 et 11002) ce qui est un peu contradictoire comme année. Les prélèvements d'échantillons ont été réalisés par C. Khemis sans

---

153 INORA 61. Marcel Meyssonnier, Valérie Plichon, Michel Philippe, Françoise Prudhomme, Jean Clottes et Bernard Gély.

154 Certificate of Training in Paleolithic Parietal Art 2010 under the coordination of J. Clottes.

autre précision publiée. Elles sont de 27 870 ± 250 BP et 31 640 ± 390 BP.

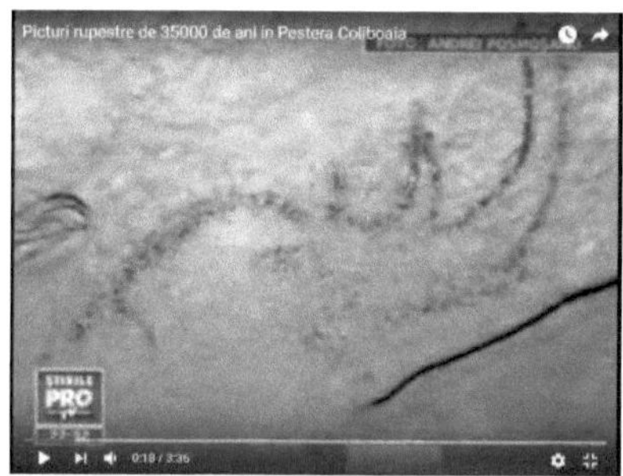

Rhinocéros.

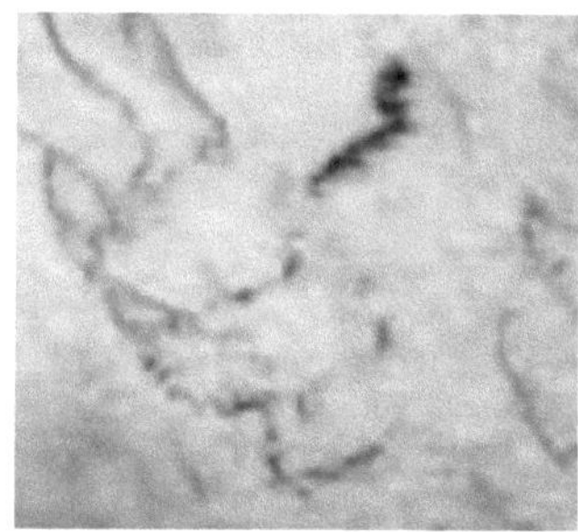

Une tête (Photos d'après stirileprotv.ro)

Authentification : c'est la traditionnelle étape préliminaire à la plupart des études archéologiques, car des canulars ou des supercheries ne sont pas exceptionnels. Le minimum consiste à effectuer un examen du tracé à la loupe ou en macrophotographie. Il semble que cela n'ait pas été fait, il est simplement indiqué l'aspect ancien des tracés et un trait recouvert de calcite (extrémité de la corne du rhinocéros, alors que dans la première publication des découvreurs, il est écrit : corne inachevée ou érodée[155]). On remarque l'absence de foyer ou de trace de foyer, alors que les dessins sont dits au charbon de bois.

---

155 INORA 57.

Le premier article notait des ossements d'ours sur le sol, en particulier un crâne et à côté un os planté dans le sol « la présence d'un crâne d'ours associé à un os planté renforce évidemment l'analogie avec la grotte Chauvet ». Dans les publications suivantes, on indique que les ossements d'ours ne sont pas dans leur position d'origine, mais qu'ils ont été déplacés par des spéléologues. Pourquoi ont-ils planté un os comme à Chauvet ?

Comme autre critère, le style est indiqué, mais les styles pariétaux sont universellement connus, ce n'est donc pas un critère d'authenticité. Même chose pour des griffures : « D'autre part, plusieurs représentations animales sont recoupées par des griffures d'ours, ainsi que par celles de chauves-souris, ce qui prouve leur ancienneté relative. »

Restent les dates : mais les échantillons n'ont pas été récoltés par le laboratoire, ni probablement par les archéologues qui ont authentifié la grotte.

Plus aucune nouvelle archéologique n'a été publiée après 2011, alors qu'avait été annoncé au congrès IFRAO en 2010 que l'étude serait coordonnée sous la responsabilité de J. Clottes et qu'un dossier avait été présenté dans le cadre des projets culturels européens. « L'objet principal de cette étude globale vise à identifier les traces d'activités qui résultent de la fréquentation humaine dans la cavité pendant le Paléolithique supérieur et d'en dresser le cadre chronologique et paléo-environnemental. En parallèle sera conduite l'étude des traces et des vestiges osseux laissés par les Ursidés, tout en étant particulièrement vigilants sur d'éventuels indices d'interrelation Homme/Ours. Étudier la cavité dans sa globalité et y impliquer des spécialistes de domaines variés sera l'un des enjeux primordiaux des investigations menées dans Coliboaia, ce qui se traduira par une pluralité d'approches complémentaires sous bien des aspects. » (Congrès IFRAO 2010, Clottes et *alii*)

Des archéologues roumains avaient eu connaissance des publications françaises sur cette grotte, ils ont alors publié les informations qu'ils avaient sur le secteur. En effet, des fouilles systématiques avaient été réalisées dans cette vallée et sur cette commune, comme elles n'avaient fourni aucun indice de présence humaine du Paléolithique, ils n'avaient rien publiée. Ils le firent en 2010 pour ajouter à la connaissance. Il s'agit Marin Cârciumaru et Roxana Dobrescu. Les restes de la faune découverts étaient essentiellement celle des rochers et cavernes, pas de rhinocéros, pas de cheval. Ils concluent[156] : « … il faut ne pas omettre une situation spéciale de la vallée, qui se développe dans une sorte de « cul de sac », ce qui ne la recommande pas comme trajet choisi par les animaux dans leur migration, aspect essentiel pour la stratégie d'occupation d'une région de l'homme du Paléolithique. Peut-être la Vallée du Sighistel est-elle un exemple classique de vallée avec bien des grottes et des abris sous roche, à la fois nombreux et favorables à

[156] Marin Cârciumaru & Roxana Dobrescu. Recherches sur le terrain et sondages archéologiques dans la Vallée du Sighistel,commune de Câmpani, département de Bihor. Annales d'Université Valahia Targoviste, Section d'Archéologie et d'Histoire, Tome XII, Numéro 1, 2010, p.185-189.

l'habitation, mais qui, vu que les sources de matière première manquent et que la géomorphologie de la vallée est particulière, non attrayante pour l'homme, n'a pas été aussi cherchée au Paléolithique comme nous aurions pu être tentés de penser à première vue. Cela ne signifie pas que les recherches ne pourraient pas continuer, pour voir vraiment dans quelle mesure cette situation que nous percevons aujourd'hui pourrait changer.»

ANNEXE 2

La datation pariétale jusqu'à nos jours

Boucher de Perthes, Lartet, Mortillet, Cartailhac, Breuil, Leroi-Gourhan, ces hommes ont été à l'origine et ont contribué à l'essor de la recherche en préhistoire.

Le Paléolithique supérieur débuta il y a près de 40 000 ans, c'était une longue période qui a connu l'émergence de l'art pictural et son perfectionnement jusqu'au Magdalénien. La datation des vestiges de ces époques, ossements, outils, objets d'art, foyers, est une problématique souvent délicate du fait de leur mauvais état de conservation, conséquence de leur grande ancienneté. On commença au XVII[è] siècle à utiliser des méthodes scientifiques avec Linné et Buffon, notamment grâce aux nouvelles connaissances sur les couches géologiques pour tenter d'ordonner dans le temps les étapes de la préhistoire. Le Paléolithique était défini comme l'époque de la pierre taillée.

C'est à Boucher de Perthes que l'on doit, au XIX[è] siècle, la preuve que l'homme était plus ancien que ce que l'on déduisait jusque-là des textes bibliques. On parla de « l'âge du Renne », à cause de l'abondance des vestiges laissés en Europe par ces animaux pendant une grande partie de la préhistoire. Puis Mortillet, un géologue pionnier de l'archéologie préhistorique, identifia une succession de périodes auxquelles il donna des noms, dont certains sont encore utilisés comme le Solutréen ou le Magdalénien, d'après les premiers sites archéologiques où les vestiges de ces cultures ont été découverts. Tout cela a été précisé et amélioré par les travaux de leurs successeurs.

En 1879 avec la découverte des peintures de la grotte d'*Altamira* en Espagne, débutèrent le recensement et l'étude de l'art pariétal. Déjà un premier problème se posait : ces peintures provenaient-elles vraiment de la préhistoire, ou étaient-elles l'œuvre d'un faussaire, comme l'avait cru le préhistorien Cartailhac à cause de leur bon état de conservation. Ce débat dura quelques années jusqu'à ce que le doute ne fût plus possible lorsqu'on découvrit plusieurs autres grottes ornées en France, qui provenaient à l'évidence d'artistes de la préhistoire puisque certains dessins représentaient des mammouths, animaux disparus. Cartailhac reconnut que les observations démentaient son premier avis, c'est l'honnêteté de l'homme de science qui accepte les faits nouveaux.

Superpositions

Émile Cartailhac, au début du XX[è] siècle, constata dans la grotte de Marsoulas que certains dessins en recouvraient d'autres, il en déduisit la succession d'au moins trois phases artistiques. Il nota les différences de style et de technique (dessins noirs, polychromes, puis rouge). Plusieurs autres grottes possèdent de telles superpositions qui permettent d'accéder à une certaine chronologie, mais cela ne permet pas de connaitre la durée qui sépare deux couches successives de dessins, quelques jours ou des millénaires ? L'abbé Breuil développa cette approche et à la suite de ses très nombreuses observations proposa une chronologie fondée sur l'évolution du style. Il définit ainsi deux grands cycles successifs : Aurignaco-Périgordien et Solutréo-Magdalénien, en se rapportant aux principales cultures identifiées par l'industrie lithique.

Par la suite, André Leroi-Gourhan rechercha comment était structuré dans le temps et l'espace l'ensemble pariétal préhistorique. Il proposa une chronologie en relation avec une évolution du style, en définissant quatre principaux styles successifs notés I, II, III, IV, qui purent être datés indirectement lors de l'avènement de la technique du radiocarbone.

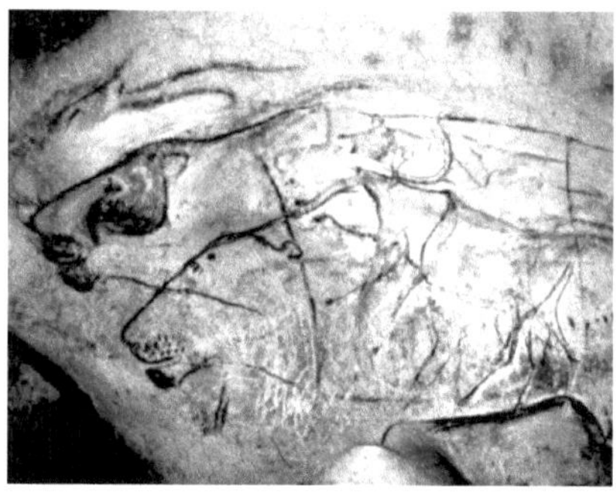

Grotte Chauvet, superpositions de félins rouges, félins noirs, renne, et des griffades d'ours intercalés. (Photo SRA Rhône-Alpes)

Le radiocarbone

Vers 1950, les progrès sur la connaissance de la radioactivité apportèrent à Willard F. Libby, un pionnier dans cette discipline, le moyen de mesurer des dates de fossiles ou d'artéfacts du Paléolithique supérieur, à condition qu'ils soient d'origine organique. Il fallait mesurer la teneur en carbone radioactif contenu dans l'échantillon de charbon de bois ou d'os. Avec l'application de la loi de décroissance radioactive, on obtient des dates en *années du radiocarbone* avant le présent.

Il devint possible de dater des ossements, des foyers, des artéfacts gravés sur des bois de cerf, etc. ; puis par comparaison d'autres vestiges non carbonés comme des silex à condition qu'on puisse leur associer un objet contemporain possédant du carbone organique. On a pu ainsi affecter des dates aux grandes périodes du Paléolithiques supérieur. Par exemple l'Aurignacien dépasse 30 000 BP d'ancienneté ; vient ensuite le Gravettien, puis vers 23 000 BP débute le Solutréen et enfin le Magdalénien qui débute vers 17 000 BP.

Datation indirecte

La technique de datation par le radiocarbone entrainait la destruction de plusieurs grammes d'échantillon, ce qui interdisait son utilisation pour dater directement les peintures. Il restait possible de dater indirectement certaines œuvres pariétales du Paléolithique : quelquefois, des parties de parois décorées se sont effondrées et furent retrouvées dans une couche contenant des objets que l'on peut dater, comme au Colombier en Ardèche. On possède alors un renseignement précieux sur la date du dessin. Il en a été de même lorsque l'on a retrouvé dans le sol au pied d'une peinture un morceau de colorant emprisonné dans une couche que l'on pouvait dater, ce fut le cas de l'aurochs de la grotte de la Tête-du-Lion : le colorant utilisé pour ce dessin a été ainsi daté de 21 600 BP. Lorsque des os gravés que l'on peut dater montrent le même style que des dessins sur parois dans le même site, il les légitime de les considérer comme contemporains.

Le cas de la grotte de Lascaux est un autre exemple de datation indirecte. La technique du radiocarbone permit de dater des vestiges d'activité humaine recueillis sur le sol de la grotte. Les dates obtenues furent les suivantes : 17 200 BP - 16 000 BP - 15 500 BP ainsi que 5 dates comprises entre 7 500 BP et 9 000 BP, pour des charbons de bois, puis deux baguettes en bois de renne ont été récemment datée à 18 000 et 18 600 BP. Le problème était donc de savoir lesquels de ces objets sont contemporains des peintures. La considération du style des peintures renvoie à la fin du Solutréen, c'est-à-dire aux dates les plus anciennes de la série obtenue. Selon certains auteurs, les peintures dateraient de 17 200 BP, pour d'autres de 18 600 BP. Il s'agit d'une utilisation indirecte de la datation au radiocarbone, aucun dessin de la grotte de Lascaux n'étant réalisé à l'aide de charbon de bois. Remarquons que le plus grand nombre de dates au radiocarbone se situe entre 7 500 BP et 9 000 BP, dates qui ne sont pas retenues. La datation n'obéit pas à la majorité.

Datation stylistique

Disposant d'un nombre croissant de dessins datés, les spécialistes purent alors associer à chaque style une époque, et en déduire approximativement la date d'un dessin préhistorique qui ne pouvait pas être daté directement, de la même manière qu'un tableau présentant les procédés de l'impressionnisme ne peut pas être plus ancien que la fin du XIXe siècle. Un cadre pour la datation de l'art préhistorique existait, il ne restait plus qu'à affiner ce système. Cependant, cette datation par identification du style ne permet pas d'aboutir à des dates précises ; de nombreux débats eurent lieu qui firent prendre conscience de la nécessité d'avoir une bonne connaissance de tout l'art paléolithique. Il faut naturellement être conscient que des artistes peuvent utiliser des procédés du passé, mais qu'ils n'anticipent pas en général l'art du futur.

Datation directe au radiocarbone

Puis arriva vers 1980 le moyen de dater des petits échantillons par l'utilisation d'accélérateurs de particules, c'est la techniques SMA[157] (ou AMS en anglais). Alors que par la mesure du rayonnement il aurait fallu prélever plusieurs grammes de peintures au charbon de bois, ce qui aurait abouti à défigurer les dessins, il devint suffisant d'en prélever quelques milligrammes pour la datation. C'est la datation directe, qui fut au début mise en œuvre d'une manière précipitée sans effectuer les contrôles nécessaires, ainsi que le montrent les exemples que nous avons

---

[157] Par Spectroscopie de Masse et Accélérateur.

parcourus dans cet ouvrage. Les progrès techniques arrivant, on peut maintenant obtenir des dates fiables lorsqu'elles sont contrôlées par des techniques physiques.

La décontamination contrôlée

Quelles sont les difficultés de la décontamination ?

Procédé ABA pour décontaminer le charbon de bois

Le procédé de décontamination utilisé est du type ABA (AAA). Un traitement par une solution acide (A) élimine les contaminants calcaires, puis on fait agir plusieurs bains alcalin (B basique ou A alcalin) qui dissolvent les acides humiques que l'on va rejeter, mais aussi une bonne proportion du charbon de bois (dans certains cas tout le charbon de bois, s'il est fragile), ensuite un dernier bain acide (A) pour éliminer une possible contamination provenant du traitement au laboratoire. Le résidu obtenu est formé du charbon de bois restant et des contaminants réfractaires, on l'appelle fraction humine du nom du contaminant insoluble provenant de la dégradation de l'humus ou fraction charbon si l'on est plus optimiste.

Dans les sites de plein air si les couches n'ont pas été perturbées, les contaminants d'un même niveau (principalement des humines[158]) ont à peu près le même âge que le charbon de bois, en conséquence quel que soit la proportion entre charbon et les

---

[158] Produits de la décomposition de la fraction organique des sols sous action bactérienne, insolubles dans les solutions acides et basiques.

humines (et même s'il ne reste plus du tout de charbon de bois), ils sont à peu près contemporains et l'erreur est assez faible. Cela explique l'absence de nécessité de contrôler et conduit la plupart du temps à des dates fiables. Cela explique aussi que les proportions mesurées de l'isotope 13 sont souvent différentes de celles du charbon de bois pur, la déviation isotopique δ13C obtenue est souvent comprises entre -24 et -26‰. On a alors daté un mélange de charbon de bois et d'humine les deux étant à peu près contemporains. L'objectif est souvent de dater le niveau stratigraphique.

D*ans les grottes*, le problème est bien plus complexe : le passage des hommes et animaux sur des espaces restreints, les éboulements, les circulations d'eau, le gel, les glissements de sédiments perturbent les strates des sols. Les parois sur lesquels le charbon a inscrit des dessins est soumis à l'action de l'air et des bactéries, elles sont souvent recouvertes d'argile qui peut fixer les contaminants. Appliquer le traitement ABA d'une manière routinière ne conduit pas en général à de bons résultats. Il faut déterminer d'abord le type de contaminants, ce qui permet d'adapter le traitement. Certains laboratoires le font. Nous avons montré l'exemple de Geochron à Candamo, c'est aussi le cas dans la grotte de Tito Bustillo. Un contrôle de la décontamination est absolument indispensable ; à notre avis, on ne devrait pas tenir compte des dates non contrôlées obtenues dans les grottes. Un moyen de contrôle après datation est presque toujours disponible : la mesure de la concentration en isotope 13 par le δ13C, à condition que sa mesure soit suffisamment précise.

Les isotopes 12 – 13 – 14 du carbone

L'élément carbone est un constituant de tous les organismes vivants. Il est présent sous la forme de trois sortes d'atomes (isotopes) qui ne diffèrent que par la masse de leur noyau. Il s'agit du carbone 12 qui est ultra majoritaire et du carbone 13 tous deux sont stables, du carbone 14 dont la quantité décroit avec le temps car il est radioactif. Leurs masses sont en proportion des nombres 12 13 et 14 par lesquels on les identifie, c'est dire qu'elles sont assez voisines.

Le carbone 12 est présent à environ 99 %, le carbone 13 environ 1%, le carbone 14 qui est utilisé pour les datations est en proportion considérablement plus faible, de l'ordre de 10^{-12}. Les valeurs précises de ces proportions fournissent les informations attendues des archéologues.

Le carbone radioactif 14

Le carbone 14 se désintègre de telle sorte que la moitié du nombre des noyaux disparait au bout de 5568 ans (demi-vie) en se transformant en azote. C'était du moins ce que l'on croyait en 1950, la mesure de la teneur en carbone 14 restant permet d'évaluer les âges exprimés en valeur *conventionnelles* BP utilisées par les archéologues. Des mesures plus précises montrent que la demi-vie est en réalité de 5730 ans. On s'est également rendu compte que la concentration en carbone 14 dans le CO_2 atmosphérique, qui est à l'origine du carbone des organismes vivants, n'a pas toujours été la même. En tenant compte de tout cela, on aboutit à l'âge en années réelles, c'est l'âge calibré (cal), qui est un peu plus ancien que l'âge conventionnel.

L'isotope stable 13 et le contrôle possible

Les atomes de carbone des organismes vivants proviennent de l'assimilation du CO_2 atmosphérique à la suite de transformations de qui font en général diminuer la teneur en isotope 13, car il est un peu plus lourd que l'isotope majoritaire et cela affecte la cinétique des réactions chimiques. On mesure sa proportion par rapport à l'isotope 12 et l'on exprime par l'écart relatif à une valeur de référence (dans une coquille fossile Pee Dee Belemnite) δ13C, exprimé en millièmes, appelé aussi déviation isotopique.

La teneur en Carbone 13 diffère suivant la nature du composé dans lequel il se trouve : dans le collagène des os, que l'on utilise pour les datations, elle dépend de l'espèce animale et de son alimentation (diète), les valeurs δ13C sont comprises entre – 18 et –22 ‰[159]. Connaitre la valeur de la déviation isotopique permet aux chercheurs d'en déduire des informations sur l'alimentation des animaux ou des hommes. La précision de la mesure qui peut maintenant être de 0,1 à 0,3‰ le permet.

Les valeurs mesurées sur le charbon de bois actuel donnent des résultats variant suivant les conditions de calcination, elles vont de – 27 à – 29 ‰, elles diffèrent peu avec la nature du bois ou le traitement acido-basique que l'on utilise pour la décontamination. Il est intéressant de noter que tous les

159 Les valeurs sont différentes dans la partie minérale de l'os.

contaminants que l'on rencontre, qu'ils soient d'origine osseuse, bactérienne ou minérale (carbonates des eaux souterraines, des calcaires) ont des valeurs supérieures à celle du charbon de bois. La conséquence est que la déviation isotopique δ13C peut être utilisée pour contrôler la décontamination, moyennant quelques précautions.

La première est que la comparaison de ces valeurs avec celles qui sont mesurées ne peut se faire que sur des mesures précises ; or les mesures sous référence Gif du LSCE données à ± 3 ‰ sont donc exclues de cette utilisation.

La seconde est qu'il faut connaitre les valeurs δ13C que le charbon de bois avait au Paléolithique, qui ne sont pas nécessairement égales à celles dans les organismes actuels, même si l'isotope 13 est stable avec le temps. Des études montrent que dans le CO_2 atmosphérique, les valeurs δ13C étaient plus fortes en période glaciaire de + 2 ou + 3‰, avec des fluctuations, mais la teneur en CO_2 de l'atmosphère était plus faible que celle d'aujourd'hui, le climat était différent, ce qui se répercute sur l'assimilation du carbone par la biosphère. La question se pose donc de savoir quel était l'écart par rapport aux valeurs actuelles. Heaton[160] suggère que cet écart pourrait aller jusqu'à + 2 ou 3 ‰, mais sans se fonder sur des mesures de l'époque glaciaire. Pour Marino *et alii*[161], il n'y aurait que + 1‰ d'écart, à cause de tous les mécanismes qui interviennent. Cela nous parait être le plus

---

160 Heaton 1999.

161 Marino *et alii* 2002. Résultat attribué à une combinaison de plusieurs facteurs.

probable, au regard des mesures effectuées sur le bois et le charbon de bois du Paléolithique :

- Les valeurs δ13C mesurées sur le bois du Paléolithique supérieur conservé dans la mer de Galilée et la vallée du Jourdain[162] sont inférieures à – 27 ‰, elles valent de -27,9 à -28,7 sur 6 mesures, avec des dates de 15 400 à 16 410 BP et -28,1 à 19 780 BP. L'écart entre le bois et le charbon de bois n'est que de quelques décimales.

- Les charbons de bois des grottes de Candamo et de Tito Bustillo (page 159) ont fourni des valeurs de – 27 à – 28 ‰.

- Schneider[163] estime les valeurs à – 28 ‰ pour les plantes en C3 des hautes latitudes, au Paléolithique.

Aucune de ces valeurs atteintes ne peut être expliquée par une mauvaise décontamination[164], en conséquence, si on les compare aux valeurs du charbon de bois actuel qui valent de – 27 à – 29, on constate qu'elles illustrent une différence qui ne peut guère dépasser +1‰.

Il est donc légitime d'en déduire que *des valeurs inférieures ou égales à – 27 ‰ garantissent une bonne décontamination du charbon de bois.* Dans les autres cas, il convient d'examiner tous les paramètres mesurés pour déterminer si une contamination résiduelle a une influence sur la date.

---

162 Nadel et *alii* 2001, Nadel et alii 2006.
163 Schneider et *alii* 2013 : 2518.
164 La présence de contaminants entrainerait des valeurs bien supérieures.

Une objection nous avait été opposée : les archéologues obtiennent depuis des décennies des valeurs voisines de – 25 ‰ pour du charbon de bois, chacun considère les dates correspondantes comme valables, et nous les contesterions ! C'est en effet le cas des sites de plein air (dont nous ne contestons pas la validité des résultats), et ceux qui font cette objection semblent ignorer que les contaminants non éliminés qui sont les humines (dont δ13C vaut environ – 25 ‰) ont dans la plupart des cas à peu près le même âge que le charbon de bois s'ils proviennent du même niveau stratigraphique ou d'un niveau immédiatement supérieur, nous l'avons signalé plus haut. C'est tout différent dans les grottes où le contrôle par δ13C est indispensable. Mais ceux qui nous ont fait ce reproche effectuent des mesures de δ13C tellement imprécises qu'elles sont inutilisables (± 3 ‰), ceci explique peut-être cela.

Grotte de Tito Bustillo en Espagne

Les datations effectuées dans la grotte de Tito Bustillo en Espagne montrent l'intérêt de l'utilisation de l'isotope stable 13 du carbone. L'analyse des échantillons avait identifié une haute teneur en bactéries et champignons aussi bien sur les parois que sur les peintures[165]. Le LSCE avait obtenu en 1996 des dates de 7 440 et 9 650 BP (cheval 58), aussi aberrantes que dans la grotte Chauvet car elles ne correspondent absolument pas à ce que d'indique le style. Le laboratoire avait décidé de ne pas dater l'échantillon pris sur le cheval 39 à cause des problèmes rencontrés.

---

165 Fortea Perez 2002.

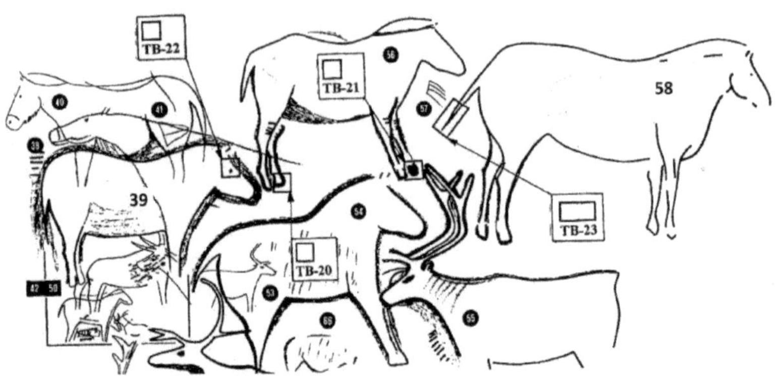

Chevaux 39 et 58. Grotte de Tito Bustillo. Zones de prélèvement des échantillons pour LSCE. (D'après de Balbin Behrmann et Moure Romanillo).

Un autre laboratoire, Beta Analytic, a effectué des datations sur des prélèvements (chevaux 39 et 63) dans le même panneau (figure ci-dessus). Les dates qu'ils ont obtenues sont en accord avec le style et surtout sont confirmées par les valeurs δ13C. Les résultats sont présentés dans le tableau ci-dessous (communication de R. de Balbin Behrmann).

On constate que le charbon de bois 6, recueilli sur le sol au-dessous des dessins, a été très bien décontaminé par le traitement ABA, puisque δ13C=-28‰. Le laboratoire prévoyant la présence de contaminants organiques réfractaires sur les peintures fragiles ne leur a pas appliqué un traitement trop agressif qui aurait dissout presque tout le charbon de bois et laissé un résidu majoritairement contaminé (comme le feront plus tard les programmes de comparaison de la grotte Chauvet). Il n'a utilisé que l'action d'un bain acide.

Tito Bustillo *Secteur XC*	*Référence*	*Traitement* *date ± 2σ BP*	*δ13C* *‰*
Cheval 39 sédiment organique avec charbon de bois	Beta 170179	*acide* 11 620 ±100	-25.7
Cheval 63 sédiment organique avec charbon de bois	Beta 170177	*acide* 11 140 ± 160	-25.2
Charbon de bois 6 matériau brûlé sous les dessins de chevaux	Beta170182	*acide/alkalin/acide* 11 880 ± 100	-28.0

Les résultats sur les échantillons prélevés dans les dessins de chevaux 39 et 63 montrent une contamination résiduelle sans doute modérée qui amène les valeurs de δ13C entre – 25 et – 26 ‰. Leurs dates sont un peu plus jeunes que celle du charbon 6 décontaminé : dans ce cas, les contaminants résiduels rajeunissent la date (Il devait rester beaucoup moins de charbon et donc une beaucoup plus grande proportion de ces contaminants avec le procédé du LSCE qui obtenait des dates plus jeunes de quatre mille ans sur des chevaux du même panneau).

Une analyse magnétique des sédiments sur le sol avait indiqué des dates de 11 200 à 11600 (Créer & Copper 1974).

Nécessité de connaitre la nature des espèces contaminantes

Les exemples précédents montrent l'intérêt qu'il y a de choisir un traitement adapté. Le cas de la grotte Chauvet est assez semblable, mais la présence de contaminants bactériens n'a pas été prise en compte pour adapter un traitement de décontamination. Cette présence était pourtant connue : l'équipe de la grotte Chauvet a indiqué la présence de moonmilk sur la paroi du panneau des chevaux provenant d'une action chimique et bactérienne (C. Fritz et G. Tosello 2001, l'art des origines, secteur des chevaux). Ils avaient aussi noté qu'il sera nécessaire de savoir si le charbon est uniquement d'origine végétale ou si de l'os broyé et brûlé a été utilisé (N. Aujoulat, D. Baffier, V. Feruglio, C. Fritz et G. Tosello 2001, l'art des origines, les techniques de l'art pariétal). En ce qui concerne le sol de la galerie des Mégacéros, nous avons signalé plus haut le rapport indiquant la présence des bactéries qui assimilent le carbone du calcaire.

La présence de phosphates sur les parois est avérée : le phosphate est courant dans les grottes du voisinage, il a même été exploité dans la grotte de Louoï, et la teinte blanche qui apparait dès que l'on gratte les parois de la grotte Chauvet ne laisse guère de doute sur sa présence. Ferrier et al l'ont reconnu en 2012. Les phosphates sont des contaminants potentiels des peintures qui peuvent contrarier l'action du bain acide (A) dans le traitement de décontamination, à cause de leur caractère alcalin.

Peintures utilisant plusieurs composants

L'effet de la composition des peintures rend plus complexe la décontamination que celle des dessins tracés au charbon de bois utilisé à la manière d'un crayon. En effet, le pigment noir de la peinture (charbon de bois) est mélangé à d'autres constituants, le liant et la charge, qui peuvent perturber les traitements chimiques de décontamination. C'est le cas de certaines substances minérales et de l'os à cause de ses phosphates (hydroxyapatite). Si l'on ignore leur présence, on risque d'appliquer un traitement très inadapté[166] qui laissera un résidu encore contaminé[167].

La datation des mégacéros de la ***grotte de Cougnac*** illustre ce problème de la composition des peintures (figure de la page suivante) :

Les trois dates les plus anciennes sont relatives à des mélanges d'échantillons provenant de taches de peinture (représentant les bosses) avec d'autres de tracés au crayon. La date qui ne provient que d'un tracé au crayon est nettement plus jeune (19 500). L'écart provient certainement d'une inadaptation du procédé de décontamination aux constituants des taches). Seule la date 19500 BP provient exclusivement de charbon de bois

[166] Car les phosphates sont alcalins.

[167] Ce qui pourrait expliquer des δ13C trop forts (-14 à - 18) obtenus dans la grotte Chauvet.

identifiable, les autres proviennent de substances telles du charbon d'os ou même non identifiées (Lorblanchet, 2010 : 310, 312). Le style correspond davantage à la date 19 500 BP.

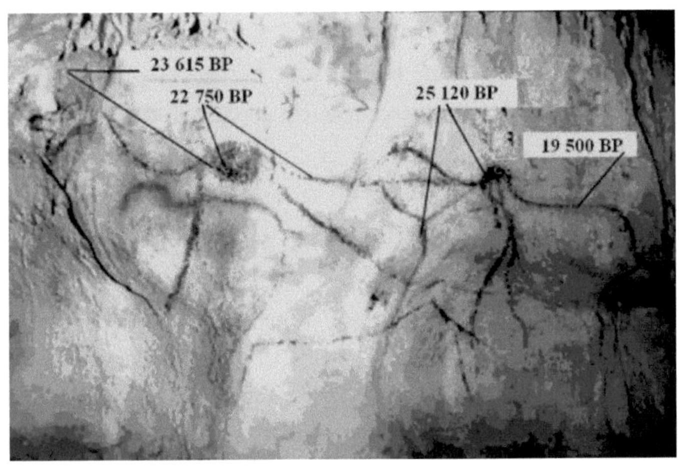

Mégacéros datés de Cougnac

Il est donc nécessaire d'analyser la composition chimique du prélèvement opéré sur les peintures. Des moyens modernes sont bien connus pour d'identifier le liant et la charge minérales. J. Clottes est un spécialiste en la matière, puisqu'il a dirigé un article sur la composition des peintures des grottes de l'Ariège[168], en utilisant des techniques modernes, la microscopie électronique à balayage et l'analyse par accélérateur de particules. Des analyses de ce type ont été utilisées lors des datations des grottes de

168 Clottes et *alii* 1990.

Candamo, Tito Bustillo et en France Mayenne Sciences[169]. Jamais aucune analyse de la composition des peintures ou des contaminations n'a été publiée pour la grotte Chauvet, qui est pourtant proclamée comme *la mieux datée au monde.*

L'identification préalable des échantillons les moins fragiles est possible

La difficulté de dater les charbons de bois dans les grottes provient aussi de la fragilisation subie par l'action des eaux alcalines des milieux karstiques au cours des millénaires. Il est important d'utiliser les échantillons les mieux préservés, sinon le risque est grand que le traitement dissolve l'essentiel du charbon, ce qui aboutirait à des résultats sans rapport avec l'âge du charbon. Des techniques ont été mises au point pour identifier les échantillons les mieux préservés, cela dans des situations comparables à la grotte Chauvet, en utilisant la présence d'argile mêlée au charbon de bois :

L'argile des parois la grotte Chauvet peut adhérer au pigment des dessins et encore plus aux peintures : « En lissant le pigment noir, on mélange du même coup l'argile présente en surface du calcaire »[170]. L'argile est également présente sur le sol de la galerie des Mégacéros. Dans le site de Motza proche de Jérusalem, M. Yizhaq[171] et son équipe ont mis au point une technique permettant d'identifier les échantillons les mieux préservés afin d'obtenir les dates les plus fiables : ils ont

[169] Pigeaud *et alii* 2010.

[170] Collectif 1 2005 : 160.

[171] Yizhaq *et alii* 2005.

examiné[172] par spectrographie plusieurs échantillons de charbon de bois provenant de la fin du Paléolithique à l'issue de chacune des étapes de décontamination. Il apparut que la concentration en charbon de bois était devenue très faible à la fin de la décontamination de certains échantillons (beaucoup plus faible que la concentration de l'argile) alors que dans d'autres échantillons, c'était l'inverse, la concentration en argile devenait négligeable devant celle du charbon de bois résiduel. Ces derniers sont donc les seuls qu'il faut choisir pour obtenir des dates fiables.

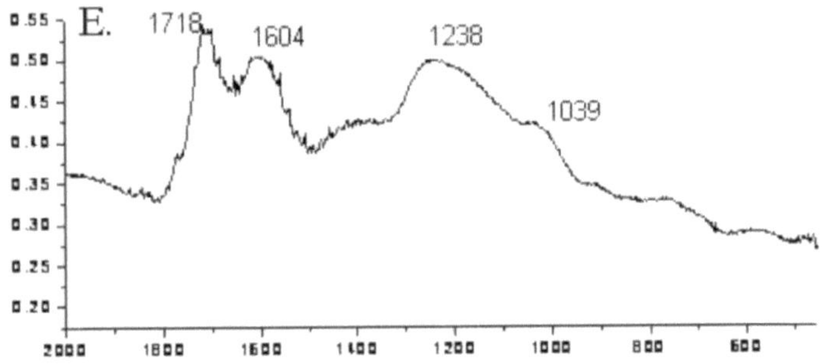

Spectre Infra-Rouge obtenu sur un échantillon à la fin des étapes de décontamination. C'est le spectre typique du charbon de bois fossile (pics 1717, 1604, 1238 cm^{-1}), avec à 1039 l'indication d'une très faible proportion d'argile[173] (dans Yizhaq 2005, fig 4 et 5).

---

[172] Par spectroscopie optique, Alon *et alii* 2002.

[173] La mesure de la fluorescence a montré l'absence de contaminant humique.

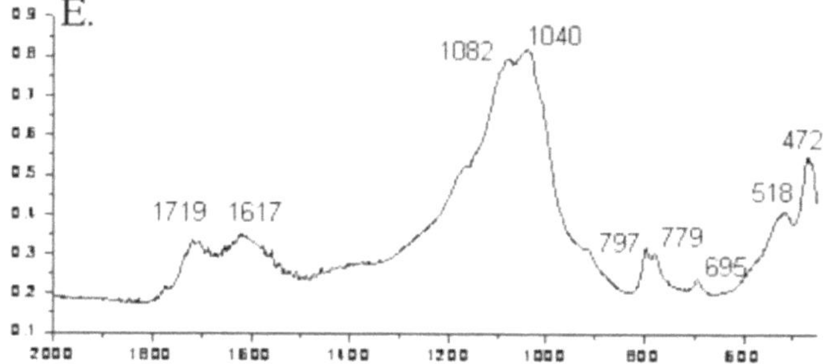

Spectre IR d'un autre échantillon à l'issue de la décontamination : les pics correspondants au charbon de bois sont beaucoup plus faibles que celui de l'argile, on en déduit que le charbon fragilisé a disparu en grande proportion et que cet échantillon n'est pas à retenir pour la datation.

Il existe d'autres méthodes permettant de tester la présence résiduelle d'acides humiques. Les archéologues ont actuellement à leur disposition plusieurs moyens de contrôle qui leur permettent d'obtenir des datations fiables dans les grottes du Paléolithique supérieur.

ANNEXE 2

Déontologie de la recherche

Certains organismes officiels se sont penchés sur le problème de la déontologie, qui n'est pas étranger à notre sujet. Les quelques extraits suivants nous paraissent importants pour préciser l'éthique que respectent de nombreux chercheurs, mais pas tous.

Les meilleures pratiques pour assurer l'Intégrité Scientifique et prévenir l'Inconduite (OCDE)

« Le noyau de l'inconduite dans la recherche comprend : la Sélectivité excluant des résultats de l'analyse, la Fausse interprétation des données pour obtenir les résultats désirés (incluant l'utilisation inappropriée de méthodes statistiques) » (OCDE. 2004. Global Science Forum Best Practices for Ensuring Scientific Integrity and Preventing Misconduct. The Varieties of Misconduct, and its Consequences.)

Comportement intègre dans la recherche (Académie suisse des Sciences)

« L'intégrité est une valeur élevée de l'existence, tant d'un point de vue individuel que social. C'est pourquoi un comportement intègre est primordial dans toute activité de recherche. Dans le contexte scientifique, l'intégrité est l'engagement personnel des chercheurs à respecter les règles des bonnes pratiques scientifiques. La véracité et l'esprit d'ouverture, l'autodiscipline, l'autocritique et la droiture sont indispensables à un comportement intègre. Ils représentent la base de toute activité scientifique et la condition à la crédibilité et à l'acceptation de la science. ...

La recherche fait partie de la société et perçoit de celle-ci des ressources matérielles essentielles. Elle doit rendre compte à la société de ses objectifs, de son activité et de l'affectation de ses moyens financiers… La recherche scientifique repose à la fois sur le développement et sur l'échange du savoir... Un jugement autocritique et la réflexion éthique sont les composantes indispensables d'un comportement intègre sur le plan scientifique. Les chercheurs sont tenus à la franchise à l'égard des membres de leur groupe de recherche et à la transparence et au dialogue avec la communauté scientifique et le public, sous réserve des obligations légales ou contractuelles au secret professionnel... L'originalité de la problématique, l'exactitude des données, la fiabilité des résultats et l'importance des conclusions sont à considérer comme étant plus importantes que la rapidité des résultats et un nombre élevé de publications.

Les éléments constitutifs de l'infraction se situent dans le comportement incorrect, intentionnel ou par négligence, qui abuse et, éventuellement, nuit à la société, et en particulier, à la communauté scientifique. Ceci peut se produire dans le cadre d'études scientifiques lors de la planification ou du déroulement de projets de recherche, lors d'études scientifiques, dans l'analyse et la prise en compte de sources et d'idées, au moment de transmettre des données, mais également lors d'expertises scientifiques, ou pendant l'évaluation de demandes et résultats liés à la recherche. » (R. Dändliker président des Académies suisses des sciences. 28 juin 2007. Assemblée des délégués des Académies suisses des sciences)

Conflits d'intérêt - Déontologie et cumul. (Commission de réflexion pour la prévention des conflits d'intérêts dans la vie publique. Paris, 2010).

« Proposition de définition des conflits d'intérêts.

… Au vu de l'ensemble de ces éléments, il est apparu à la Commission que les conflits d'intérêts, tels qu'entendus au sens du présent rapport, devaient être ainsi définis : un conflit d'intérêts est une situation d'interférence entre une mission de service public et l'intérêt privé d'une personne qui concourt à l'exercice de cette mission, lorsque cet intérêt, par sa nature et son intensité, peut raisonnablement être regardé comme étant de nature à influencer ou paraître influencer l'exercice indépendant, impartial et objectif de ses fonctions.

Au sens et pour l'application du précédent alinéa, l'intérêt privé d'une personne concourant à l'exercice d'une mission de service public s'entend d'un avantage pour elle-même, sa famille, ses proches ou des personnes ou organisations avec lesquelles elle entretient ou a entretenu des relations d'affaires ou professionnelles significatives, ou avec lesquelles elle est directement liée par des participations ou des obligations financières ou civiles. »

Références

Alcolea Gonzalez, J.J. et de Balbin Behrmann, R. 2007. C14 et style. La chronologie de l'art pariétal à l'heure actuelle. L'anthropologie 111 : 435-466.

Allenhöffer, M., 2015. Fundstücke in Heidenheim: Zweiter Venus auf der Spur Sudwest Presse. Ulm. 11/04/2015.

Alon, D., Mintz, G., Cohen, I., Weiner, S., Boaretto, E. 2002.The use of Raman spectroscopy to monitor the removal of humic substances from charcoal: quality control for 14C dating of charcoal. Radiocarbon 44(1): 1–11.

Bon, C., Berthonaud, V., Fosse, P., Gély, B., Maksud, F., Vitalis, R., Philippe, M., van der Plicht, J., Elalouf, J.-M. 2011. Low regional diversity of late Cave Bear Mitochondrial DNA at the time Of Chauvet Aurignacian paintings. Journal of Archaeological Science 38 (8) : 1886-1895.

Chauvet, J.-M., Brunel Deschamps, E., Hillaire, C., 1995. La grotte Chauvet à Vallon-Pont-d'Arc (postface de J. Clottes). Seuil, 117 p.

Clottes Jean, Menu M., Walter Ph. 1990. La préparation des peintures magdaléniennes des cavernes ariégeoises. Bulletin de la Société préhistorique française, tome 87, N. 6 : 170-192.

Clottes Jean, Beltrán A., Courtin Jean, Cosquer H. 1992 a. La Grotte Cosquer (Cap Morgiou, Marseille). In: Bulletin de la Société préhistorique française, tome 89, n°4, 1992 : 98-128.

Clottes Jean, Courtin Jean, Valladas Hélène, Cachier H., Mercier N., Arnold M. 1992 b. La grotte Cosquer datée. In: Bulletin de la Société préhistorique française, tome 89, n°8, 1992 : 230-234.

Clottes, J. 1993. La naissance du sens artistique. Revue des sciences morales et politique : 174-184.

Clottes, J. 1994. Dates directes pour les peintures paléolithiques. Préhistoire ariégeoise, T XLIX : 51-70.

Clottes Jean, Menu M., Walter Ph. 1990. La préparation des peintures magdaléniennes des cavernes ariégeoises. In : Bulletin de la Société préhistorique française. Tome 87, N. 6 : 170-192.

Clottes, J. 1995. L'originalité de la grotte Chauvet-Pont-d'Arc, à Vallon-Pont-d'Arc(Ardèche). Comptes rendus des séances de l'Académie des Inscriptions et Belles-Lettres. N.2, 1995 : 563-568.

Clottes, J., Chauvet, J.-M., Brunel Deschamps, E., Hillaire, C., Daugas, J.-P., Arnold, M., Cachier, H., Evin, M., Fortin, P., Oberlin, C., Tisnerat, N., Valladas, H. 1995. Les peintures paléolithiques de la grotte Chauvet. Comptes-rendus de l'Académie de Sciences 320 II a: 1133-1140.

Collectif 1. Marc Azéma, Dominique Baffier, Élisa Boche, Camille Bourdier,Jean Clottes,Évelyne Debard,Jean-Jacques Delannoy, Jean-Marc Elalouf,Catherine Ferrier,Valérie Feruglio,Philippe Fosse,Carole Fritz,Bernard Gély,Jean-Michel Jean Geneste, Stéphane Jaillet, Yanik Le Guillou, Julien Monney, Michel Philippe, Benjamin Sadier, Gilles Tosello, Hélène Valladas. 2005. Recherches pluridisciplinaires dans la grotte Chauvet. Journées SPF, Lyon 11 – 12 octobre 2003. Bulletin de la S.P.F. Tome 102 – 1.

Collectif 2. Combier, J., Jouve, G., Bahn, P., Pettitt, P., Züchner, C., Lorblanchet, De Balbin Behrmann, R., M., Martin, M., Djinjian, F. 2014. La grotte Chauvet. L'Anthropologie N°2 (2014).

Combier, J., Jouve, G., 2012. Chauvet cave's art is not Aurignacian: a new examination of the archaeological evidence and dating procedures. Quartär 59 : 131–152.

Conard, N.J., Niven, L.B., Stuart, A.J., 2003. The Chronostratigraphy of the Upper Paleolithic Deposits at Vogelherd. Mitteilungen der Gesellschaft für Urgeschichte – 12 : 73-86.

Corchón, S., Garate, D., Valladas, H., Rivero, Oo., Pons-Branchu, E., Ortega, P., Hernando, C. 2014. Back to the point: new datings for la peña de Candamo cave art (Asturias). Zephyrus LXXIII: 67-81.

Creer, K.M, Kopper, J.S., 1974. Paleomagnetic dating of cave paintings in Tito Bustillo cave, Asturias, Spain. Science. 186(4161):348-50.

Cuzange, M.-T., Delqué-Kolié, E., Goslar, T., Meiert Grootes, P., Higham, T., Kaltnecker, E., Nadeau, M.-J., Oberlin, C., Paterne, M., van der Plicht, J., Bronk Ramsey, C., Valladas, H., Clottes, J.Geneste, J.-M. (2007). Radiocarbon intercomparison program for Chauvet cave. Radiocarbon 49 (2) : 339–347.

Ferrier,C., Debard, E., Kervazo, B., Brodard, A., Guibert, P., Baffier, D., Feruglio, V., Gély, B., Geneste, J.-M., Maksud, F., 2014. Les parois chauffées de la grotte Chauvet-Pont d'Arc (Ardèche, France): Caractérisation et chronologie. Paleo 25 : 59–78.

Fortea Perez, F.J., 2001. The beginning of the Palaeolithic Art in Asturias: contributions from a contextual non post-stylistic archaeology. . Los comienzos del arte paleolítico en asturias:aportaciones desde una arqueología contextual no postestilístic Zephyrus, 53-54, 2000-2001, 177-216.

Fosse Philippe, Philippe Michel. La faune de la grotte Chauvet : paléobiologie et anthropozoologie. In: Bulletin de la Société préhistorique française, tome 102, n°1, 2005. La grotte Chauvet à Vallon-Pont-d'Arc : un bilan des recherches pluridisciplinaires Actes de la séance de la Société préhistorique française, 11 et 12 octobre 2003, Lyon : 89-102.

Freund, G., 1957. L'Art aurignacien en Europe centrale et orientale. Bull. S.P.A. 12 : 1-24.

Gatzen, A., 2007. Die Ausgrabung auf der Aleburg bei Befort im Jahre 1941. In: L'archéologie nationale-socialiste dans les pays occupés à l'Ouest du Reich. Actes de la table ronde internationale "Blut und Boden" tenue à Lyon (Rhône) dans le cadre du Xe congrès de la European Association of Archaeologists (EAA), les 8 et 9 septembre 2004 / sous la dir. de Jean-Pierre Legendre, Laurent Olivier. Gollion, Infolio, 2007, S : 257–270.

Guibert, P., Brodard, A., Quiles, A., Geneste, J.-M, Baffier, D., Debard, E., Ferrier, C. 2015. When were the walls of the Chauvet-Pont d'Arc cave heated?

A chronological approach by thermoluminescence. Quat. Geochronol. 29 : 36–47.

Hahn, J., 1971a. La Statuette masculine de la grotte du Hohlenstein-Stadel (Wurtemberg). L'anthropologie. Tome 75, n° 3-4 : 233-234.

Hahn, J., 1971 b. Eine jungpaläolithische Elfenbeinplastik aus dem Hohlenstein-Stadel.565 F undberichte aus Schwaben N.F. 19 : 11-23.

Hahn, J., 1977. Aurignacien, das ältere Jungpaläolithikum in Mittel- und Osteuropa. Köln/Wien : Böhlau-Editeur.

Hahn, J., 2000. The Gravettian in Southwest Germany – environment and economy. In: Roebroeks, W., Mussi, M., Svoboda, and J., Fennema, K. (eds.), Hunters of the Golden Age. The Mid Upper Palaeolithic of Eurasia 30,000 – 20,000 BP. Analecta Praehistorica Leidensia 31. Leiden: University of Leiden : 257- 270.

Heaton, T.H., 1999. Spatial, Species, and Temporal Variations in the 13C/12C Ratios of C3 Plants: Implications for Palaeodiet Studies. Journal of Archaeological Science. 26 : 637–649.

Higham,T., Basell, L., Jacobi, R., Wood,R., Bronk Ramsey,C., Conard, N.J., 2012. Testing models for the beginnings of the Aurignacian and the advent of figurative art and music: The radiocarbon chronology of Geißenklösterle. Journal of human evolution. Volume 62. Issue 6 : 66 4-676.

Lorblanchet, M., 2010. Art pariétal, grottes ornées du Quercy. Éditions du Rouergue, Rodez, 448 p.

Mocochain, L., Audra, P., Bigot, J.Y., Clauzon, G., Bellier, 0., Monteil, P., 2009. Quel est l'âge du canyon de l'Ardèche (Ardèche, France) ? Actes du colloque AFK - Pierre Saint-Martin 2007. Karstologia Mémoires n° 17.

Mocochain, L., Audra, P., Clauzon, G., Bellier, O., Bigot, J.Y., Parize, O., Monteil, P., 2009. The effect of river dynamics induced by the Messinian Salinity Crisis on karst landscape and caves: Example of the Lower Ardèche river (mid Rhône valley). Geomorphology 106 : 46–61.
Marino, B., Mcelroy, M., Salawitch, R. Geoffrey Spaulding, W. 1992. Glacial to interglacial variations in the carbon isotopic composition of atmospheric CO_2. Nature 357 : 461 - 466.

Müller-Beck, H.et Albrecht, G., 1987. Die Anfänge der Kunst vor 30000 Jahren. Stuttgart, Theiss 1987.

Müller-Beck, H., 2010. Lon(e)talforschung 1931 bis 1941.Universität Tübingen. Mitteilungen der Gesellschaft für Urgeschichte 19 : 131-155.

Nadel, D., Belitzky, S., Boaretto, E., Carmi, I, Heinemeier, J., Werker, E., Marco, S. 2001. New dates from submerged late pleistocene sediments in the southern sea of Galilee, Israel. The Arizona Board of Regents on behalf of the University of Arizona.

Nadel, D., Grinberg, U., Boaretto, E. , Werker, E. 2006. Wooden objects from Ohalo II (23,000 cal BP), Jordan Valley, Israel. Journal of Human Evolution 50.

Nalawade-Chavan, S., McCullagh, J., Hedges, R., 2014. New Hydroxyproline Radiocarbon Dates from Sungir, Russia, Confirm Early Mid Upper Palaeolithic Burials in Eurasia. Plos one 9 (1): e76896. doi:10.1371/journal.pone.0076896.

Petershagen, H., 2014. Schirmherr war Himmler. SudWest Presse. 15.02.2014. Online : http://www.swp.de/ulm/lokales/ulm_neu_ulm/Schirmherr-war-Himmler;art4329,2453832. Sudwest Presse, 2010. Abstraktes aus dem Lonetal : Die Venus vom Vogelherd. Sudwest Presse. 27.03.2010. Art 4308,420981.

Pettitt, P. & Bahn, P., 2003. Current problems in dating Palaeolithic cave art: Candamo and Chauvet. Antiquity 77 (295): 134-141.

Pigeaud, R., Plagnes, V., Bouchard, M., Walter, P. 2010. Analyses archéométriques dans la grotte ornée Mayenne-Sciences (Thorigné-en-Charnie, Mayenne). L'anthropologie 114 : 97–112.

Quiles A, H Valladas, J-M Geneste, J Clottes, D Baffier, B Berthier, F Brock, C Bronk Ramsey, E Delqué-Količ, J-P Dumoulin, I Hajdas, K Hippe, G W L Hodgins, A Hogg, A J T Jull, E Kaltnecker, M de Martino, C Oberlin, F Petchey, P Steier, H-A Synal, J van der Plicht, E M Wild, A Zazzo. 2014. Second Radiocarbon Intercomparison Program for the Chauvet-Pont d'Arc Cave, Ardèche, France. Radiocarbon. Vol 56, No 2.

Quiles, A. Valladas, H., Bocherens, H., Delqué-Količ, E., Kaltnecker, E., van der Plicht, J., Delannoy, J.-J., Feruglio, V., Fritz, C., Monney, J., Philippe, M., Tosello, G., Clottes, J. and Geneste, J.-M. . 2016. A high-precision chronological model for the decorated Upper Paleolithic cave of Chauvet-Pont d'Arc, Ardèche, France. PNAS vol. 113 no. 17 : 4670–4675.

Rebollo, N.-R., Cohen-Ofri, I., Popovitz-Biro, R., Bar-Yosef, O., Meignen, L., Goldberg, P., Weiner, S., Boaretto, E. 2008. Structural characterization of charcoal exposed to high and low pH: implications for 14C sample preparation and charcoal preservation. Radiocarbon 50 (2) : 289–307.

Riek, G., 1933. Les civilisations paléolithiques du Vogelherd près de Stetten-ob-Lonetal (Wurtemberg). Préhistoire. Librairie Ernest Leroux. Paris. Tome II. Fascicule II : 149-181.

Riek, G., 1934. Die Eiszeitjägerstation am Vogelherd im Lontal. Tübingen: Akademische Buchhandlung. Franz F. Heine.

Schneider, R., Schmitt, J., Köhler, P., Joos, F., Fischer, H. 2013. A reconstruction of atmospheric carbon dioxide and its stable carbon isotopic composition from the penultimate glacial maximum to the last glacial inception, Clim. Past, 9 : 2507-2523.

Schöbel, Gunter, 2011. Von der Steinzeitsiedlung zum Fürstengrabhügel – Herausragende archäologische Forschungen der 1920 und 1930 Jahre am Federsee und an der Heuneburg in Südwestdeutschland. In Archäologie und Politik Archäologische Ausgrabungen der 30 und 40 Jahre des 20

Jahrhunderts im zeitgeschichtlichen Kontext. Fundberichte aus Hessen beiheft 7.Wiesbaden 2011 Glauberg-Forschungen 1 : 75-120.

Spanel, T., 2014. Frauenfigur - üppig oder abstrakt. Südwestpresse. 27/9/2014.

Strobel, M., 2003. Hans Reinerth und Gustav Riek – Modernitätsflüchtlinge in einer ungewissen Wissenschaft. In Arbeits- und Forschungsberichte zur Sächsischen Bodendenkmalpflege 45, Theiss, 2003 : 443-461.

Strobel, M., 2010. Das Urgeschichtliche Institut der Universität Tübingen zwischen 1933 und 1945. In Urban Wiesing / Klaus-Rainer Brintzinger / Bernd Grün / Horst Junginger / Susanne Michl (Hg.). Die Universität Tübingen im Nationalsozialismus. Franz Steiner Ed. : 321-349.

Sudwest Presse, 2010. Abstraktes aus dem Lonetal: Die Venus vom Vogelherd. Sudwest Presse. 27.03.2010. Art 4308, 420981.

Yizhaq, M., Mintz, G., Cohen, I., Khalaily, H., Weiner, S., Boaretto, E. 2005. Quality controlled radiocarbon dating of bones and charcoal from the early Pre-Pottery Neolithic B (PPNB) of Motza (Israel). Radiocarbon 47(2) : 193–206.

Züchner, C., 2007. La grotte Chauvet. Un sanctuaire aurignacien? Les conséquences pour l'Art paléolithique. Die Grotte Chauvet – Ein Kulturplatz des Aurignacien? Die Konsequenzen fur die palaolithische Kunst. *In*: H. Floss & N. Rouquerol (Eds.) Les Chemins de l'Art Aurignacien en Europe. Das Aurignacien und die Anfänge der Kunst in Europa. Colloque international – Internationale Fachtagung Aurignac 2005/Éditions, Musee-Forum Aurignac, Cahier 4, 409-420.

La Grotte Chauvet est le site préhistorique qui possède le plus grand nombre de représentations de rhinocéros, dans différents styles.

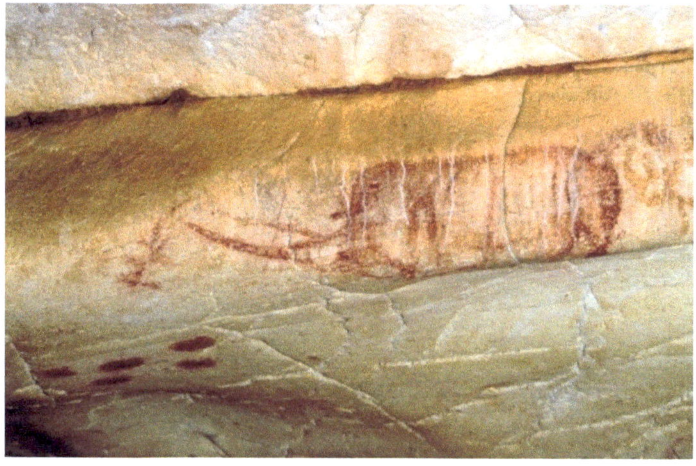

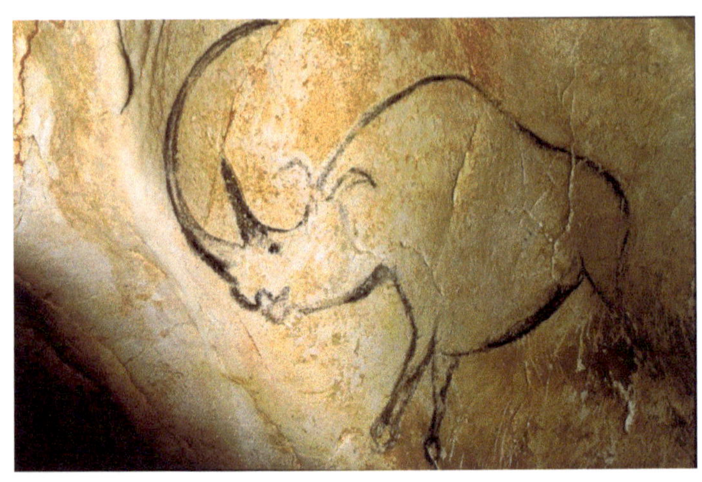

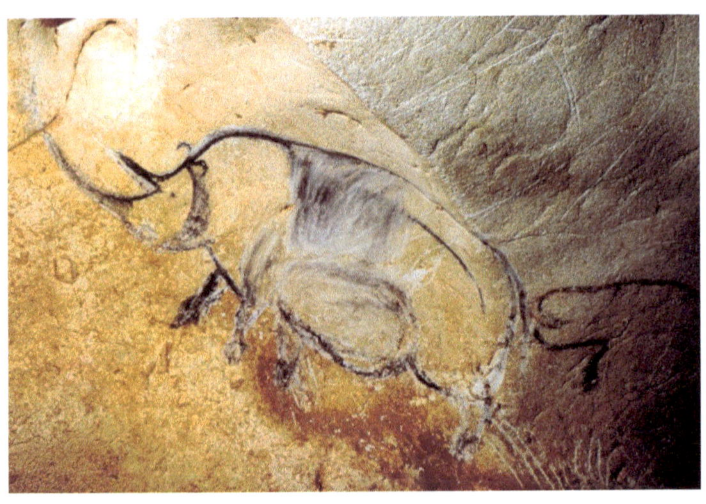

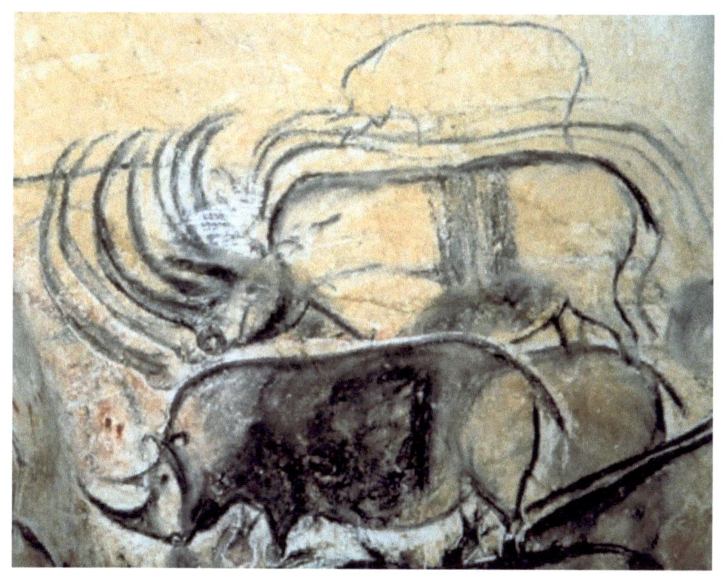

Magdalénien, La Colombière (Ain)

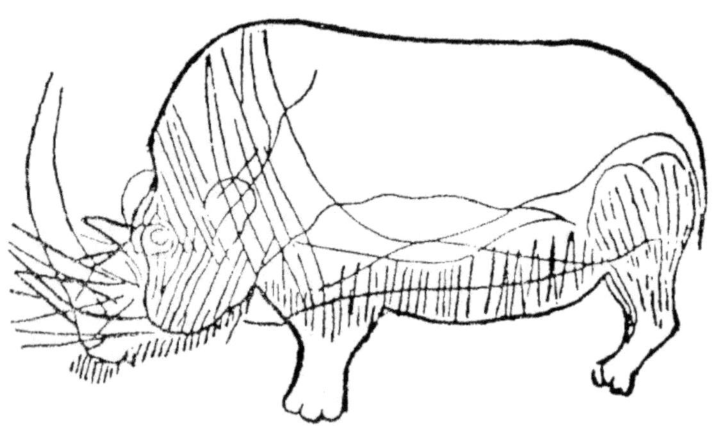

Galet gravé (Dessin Abbé Breuil.)

TABLE DES MATIERES

FSC
www.fsc.org
MIXTE
Papier issu de sources responsables
Paper from responsible sources
FSC® C105338